DICCIONARIO VISUAL

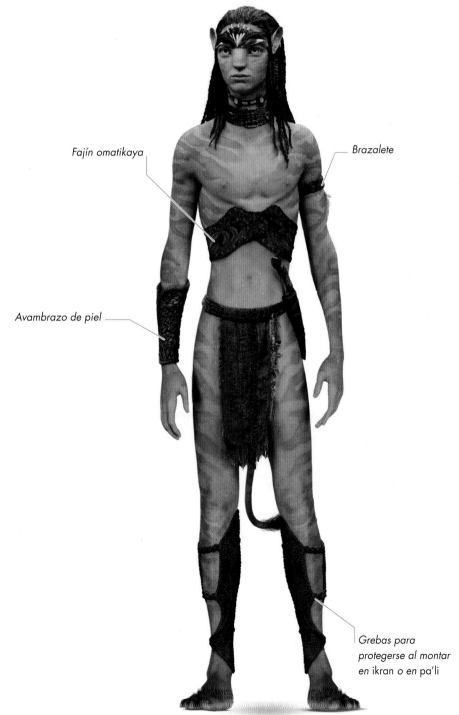

Fajín omatikaya

Brazalete

Avambrazo de piel

Grebas para
protegerse al montar
en ikran o en pa'li

NETEYAM

KIRI

AVATAR
EL CAMINO DEL AGUA
DICCIONARIO VISUAL

BASADO EN LA HISTORIA,
LOS PERSONAJES Y EL MUNDO
CREADOS POR
JAMES CAMERON

TEXTOS DE
Zachary Berger, Dylan Cole, Joshua Izzo,
Reymundo Perez y Ben Procter

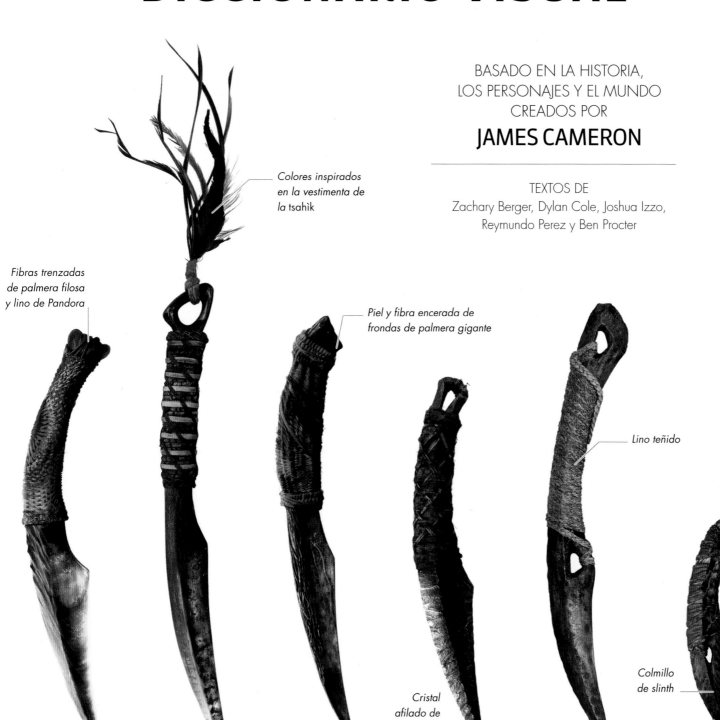

Colores inspirados
en la vestimenta de
la tsahìk

Fibras trenzadas
de palmera filosa
y lino de Pandora

Piel y fibra encerada de
frondas de palmera gigante

Lino teñido

Cristal
afilado de
lecho de río

Colmillo
de slinth

| PUÑAL DE JAKE SULLY | PUÑAL DE NEYTIRI | PUÑAL DE NETEYAM | PUÑAL DE LO'AK | PUÑAL DE KIRI | PUÑAL DE TUKTIREY |

CONTENIDO

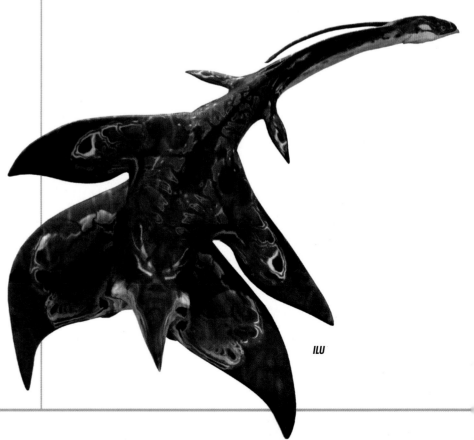

ILU

DIRIGIBLE DE CONSTRUCCIÓN

DIAGNOSTICADOR CR-4

JAKE SULLY

PRÓLOGO

A LO LARGO de mi carrera, he tenido la suerte de trabajar con algunos de los mejores y más talentosos cineastas. He interpretado personajes de la antigüedad y del más distante futuro, y en todo ese tiempo, uno de los elementos que me ayudó a profundizar en la interpretación es el mundo creado por el cineasta. Mediante atrezo y vestuario, escenarios (digitales y materiales) y con personajes y criaturas, así como todo lo que acaba haciendo… *real* lo fantástico, se crea un universo tangible, y a veces intangible.

En todo ese tiempo como actriz, puedo afirmar que no he trabajado con nadie que haya creado un mundo más «real» que James Cameron, y este libro es testimonio del universo que ha creado.

Gracias al inmenso talento de su departamento de arte y de los artesanos de Wētā Workshop, Jim ha llenado Pandora de culturas totalmente creíbles que podrían figurar en las páginas de publicaciones como *National Geographic*. Todos y cada uno de los detalles de este mundo se ha elaborado con una sensibilidad hacia lo que Jim conoce como «ciencia de hechos», en lugar de «ciencia ficción». El resultado es una realidad de total verosimilitud en la pantalla.

Ahora que he tomado parte en varios rodajes de *Avatar*, conozco de primera mano el magnífico nivel de detalle que Jim incorpora en todo lo que se ve en la pantalla. En todo momento realiza ilustraciones gracias a su ilimitada imaginación y creatividad. No dejan de sorprenderme los nuevos personajes, la diversidad de culturas na'vi, lo espectacular de la flora y la fauna y, en general, la belleza de Pandora que Jim consigue crear.

Este libro ofrece un breve vistazo al mundo de *Avatar*. El viaje que comencé como la doctora Grace Augustine se ha convertido ahora en el de su hija, Kiri. Este libro, al revelar diseños y detalles de lo increíblemente rica y profunda que puede llegar a ser Pandora, te permite dar inicio a tu propio viaje por el maravilloso planeta.

Esto es solo el comienzo.

SIGOURNEY WEAVER
Doctora Grace Augustine / Kiri

PANDORA

PANDORA, LA QUINTA luna del gigante gaseoso Polifemo, es similar en tamaño, atmósfera y apariencia a la Tierra, con continentes e islas rodeadas por mares de un familiar color azul. Hay vida vegetal por todas partes: bosques y praderas cubren gran parte de la tierra, y balsas de algas flotan por los océanos. Pandora está habitada por una amplia gama de animales. La mayoría de ellos (menos los humanoides na'vi) posee seis patas. La ecología entre las criaturas de Pandora guarda un delicado equilibrio, y los na'vi utilizan los recursos de su entorno tan eficientemente como resulta posible. Esto sugiere una relación simbiótica entre todos los seres vivos de la luna. Para los humanos el aire resulta irrespirable por su exceso de dióxido de carbono. No obstante, Pandora y sus materias primas poseen gran importancia para la supervivencia de la humanidad.

LOS OMATIKAYA

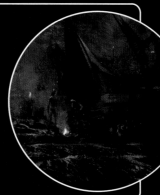

Los omatikaya son un amable e inmensamente espiritual clan na'vi que reside en los bosques. Fueron los primeros na'vi en contactar con los humanos en Pandora. También conocidos como el «Clan de la Flauta Azul», sus miembros son notables tejedores, famosos por sus telas y tejidos. Son también orgullosos guerreros y protectores de su hogar y su estilo de vida.

LOS METKAYINA

Los metkayina, o «pueblo del arrecife», son una cultura sublitoral de los na'vi que reside en los arrecifes costeros y atolones. Su tranquila isla está protegida del poderoso océano por un rompeolas natural. Aunque la historia de los metkayina está plagada de conflictos y dificultades, el clan ha conseguido vivir pacíficamente y en armonía con su bioma oceánico.

LA RDA

La Administración de Desarrollo de Recursos (RDA) es una gran corporación con muchas subsidiarias, domina la minería y desarrollo extraterrestres en los sistemas solar y Alfa Centauri. La RDA posee derechos de monopolio sobre los productos enviados, derivados o desarrollados en lugares como Pandora. Entre sus subsidiarias hay compañías energéticas, manufactureras, de defensa y farmacéuticas.

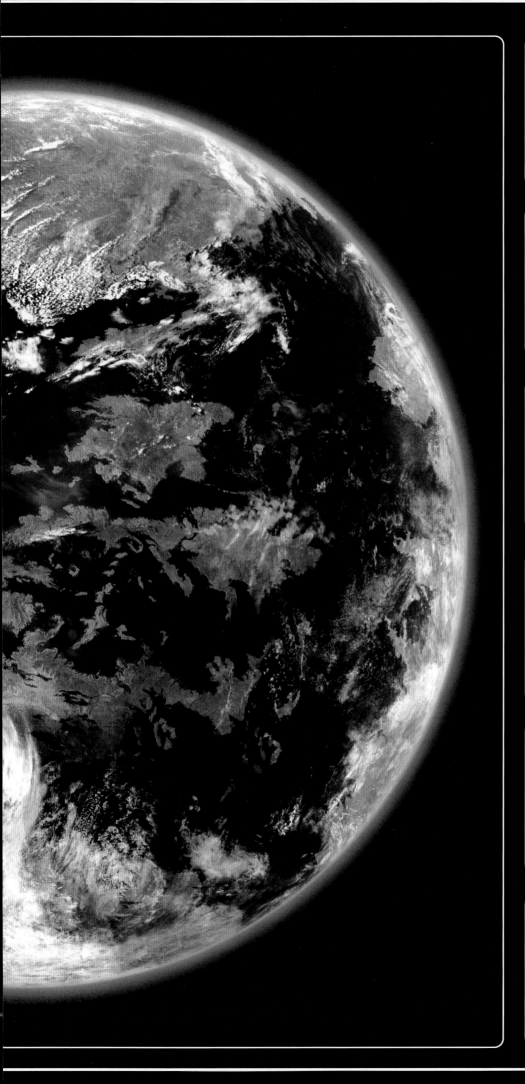

JAKE SULLY

A Jake, *olo'eyktan* (jefe) del clan omatikaya, se lo conoce como *Toruk Makto*, jinete de última sombra, el que hace 15 años expulsó a la RDA de Pandora.

NEYTIRI

Neytiri, la *tsakarem* (aprendiz de líder espiritual) del clan omatikaya, es también una de las mejores guerreras que ha habido jamás en Pandora. Fue crucial en la expulsión de la RDA.

TONOWARI

Tonowari, *olo'eyktan* del clan metkayina, se preocupa del bienestar de su comunidad en el arrecife. Su clan lo respeta por sus ideales y su capacidad de liderazgo.

RONAL

Ronal, *tsahik* del clan metkayina, es responsable de las necesidades espirituales de su pueblo, pero es también una guerrera dispuesta a arriesgarlo todo por protegerlos.

GENERAL ARDMORE

La general Ardmore, nueva comandante de la Fuerza Expedicionaria de la RDA, es exactamente el tipo de gestora sobre el terreno y líder militar que la RDA necesita en su regreso a Pandora.

CORONEL QUARITCH

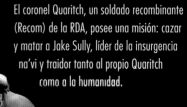

El coronel Quaritch, un soldado recombinante (Recom) de la RDA, posee una misión: cazar y matar a Jake Sully, líder de la insurgencia na'vi y traidor tanto al propio Quaritch como a la humanidad.

CAPÍTULO 1:
LA FAMILIA SULLY

Con la batalla de las montañas Aleluya convertida en un lejano recuerdo, Jake Sully y Neytiri viven una vida de paz y felicidad. Se han adaptado a la vida de familia y tienen cuatro hijos. Neteyam es el primogénito, nacido poco después de la expulsión de la RDA. El mediano, Lo'ak, es un año más joven, se considera el rebelde, incapaz de estar a la altura de sus legendarios padres y de la posición de Neteyam entre los omatikaya. Tuktirey (Tuk) es la más joven; es una niña independiente y decidida que ha crecido con rapidez. Neytiri y Jake han adoptado también a Kiri, nacida misteriosamente del avatar dormido de la doctora Grace Augustine. Esta familia, fuertemente unida, debe aprender a sobrevivir al regreso de la RDA y a sus consecuencias para el mundo.

JAKE SULLY

TORUK MAKTO, CAMINANTE DE SUEÑOS,
olo'eyktan de los omatikaya, enemigo público número
uno de la RDA: Jake Sully ha ido acumulando títulos.
Desde su legendaria victoria en la batalla de las
montañas Aleluya han pasado quince años. En
especial siendo un padre con cuatro niños de
los que cuidar, Jake teme el inevitable regreso
de la RDA. Aunque Jake es un guerrero y líder
motivador, su tendencia a asumir riesgos se
ha ido suavizando por la preocupación por
su familia y la culpa que siente por las vidas
perdidas tantos años atrás.

PUÑAL DE JAKE
Jake sigue usando el mismo
puñal con el que entrenó
para ser un guerrero
omatikaya.

*Tira de piel
encerada y
trenzada*

*Fibras trenzadas
de palmera filosa
y lino de Pandora*

BRAZALETE DE GUERRA

OLO'EYKTAN OMATIKAYA

Jake ha ostentado el cargo de *olo'eyktan* desde las
muertes del *olo'eyktan* Eytukan y de su sucesor, Tsu'tey.
Jake, responsable de la seguridad de su pueblo, emplea
su trasfondo humano para tener una perspectiva única
del papel. Por ejemplo, sabedor de
que sería un objetivo para la RDA, ha
prohibido a su clan buscar un nuevo
Árbol Madre. También emplea sus
habilidades diplomáticas intentando
reconciliar a los omatikaya y a los
humanos. Por ello, los omatikaya
construyen una aldea cerca de la
Puerta del Infierno, donde viven los
humanos que quedan en Pandora.

**VAINA DEL
PUÑAL DE JAKE**

FICHA	
SUJETO	Jake Sully
ESPECIE	Avatar (previamente humano)
FILIACIÓN	Omatikaya
ALTURA	2,72 m

Jake, Neytiri y Neteyam sobrevuelan las montañas Aleluya en *ikran*.

> Jake está atrapado entre dos mundos. Intenta no usar tecnología humana, pero sabe que cuando la RDA regrese tendrá que emplear nuevamente su fusil para proteger a la gente.

Cargadores de fusil de asalto (FA) en cartucheras

Cabeza de hacha tallada a mano

Modelo de hace quince años

COLLAR DE BATALLA
Jake aún usa el collar de guijarros de río que hizo durante su entrenamiento con Neytiri.

Avambrazo de piel

Piel procedente de su primera caza de sturmbeest

UN POCO DE TECNOLOGÍA
Para comunicarse con Neytiri y sus hijos, Jake usa un comunicador de garganta con audífono del Programa Avatar (AVTR).

TOMAHAWK DE JAKE

Tomahawk personalizado y adaptado al cuerpo de avatar de Jake

NUEVA VIDA
La disposición a priorizar la seguridad de su pueblo por encima de la suya y la de su familia es típica de Jake. Cuando la RDA regresa a Pandora se ve obligado a tomar decisiones difíciles. Consciente de que las fuerzas de la RDA lo buscan, toma la dura decisión de abandonar a los omatikaya en la relativa seguridad de Campamento Altitud, una base oculta en las montañas flotantes, y comenzar una nueva vida lejos con los metkayina, el clan de los arrecifes. Que los nuevos anfitriones acepten o no a los Sully dependerá de las excelentes habilidades diplomáticas de Jake.

Mira telescópica

FUSIL DE ASALTO M69 SKEL MODIFICADO

Culata de serie del FA Skel sustituida por una de madera

NEYTIRI

NEYTIRI ES MUCHAS COSAS: una guerrera poderosa, una excelente sanadora y una madre orgullosa. Echa de menos ser aquella aventurera de su juventud, pero se da cuenta de que ahora tiene una misión mucho más importante. Las vidas de Jake y Neytiri giran en torno a las responsabilidades que tienen en el clan omatikaya. Tras la batalla de las montañas Aleluya, para los omatikaya ambos son héroes, y su mundo es una constante búsqueda de equilibrio entre el asentamiento de los na'vi en el bosque y el de los humanos en Puerta del Infierno. Los omatikaya saben bajo cuánta presión se encuentra la pareja al tratar con los humanos de Puerta del Infierno, reconstruir el clan y prepararse para el regreso de la RDA.

Cuentas de la pulsera que llevaba Neytiri cuando conoció a Jake

Collar

Collar de hoja azul

GUÍA ESPIRITUAL

La madre de Neytiri, Mo'at, confía en que Eywa tiene un plan para los omatikaya. Es por ello que está dispuesta a adaptar el modo de vida de los na'vi. Mo'at no comprende la resistencia de su hija al cambio, y a menudo en las discusiones se alinea con Jake Sully, confiando en su liderazgo. Cuando Jake, Neytiri y los niños parten hacia el arrecife, Mo'at se queda con Norm, Max y el clan omatikaya en Campamento Altitud. Le apena ver irse a su hija y su familia, pero como *tsahik* sabe que su deber es permanecer con su pueblo. No sabe cuándo, pero sabe que volverá a ver a su hija.

Tiras de cuentas kuru

Taparrabos con flecos y cuentas

ADORNO DE PIERNA

FICHA

SUJETO	Mo'at
ESPECIE	Na'vi
FILIACIÓN	Omatikaya
ALTURA	2,62 m

MO'AT

DIADEMA DE ÁMBAR
El ámbar proporciona valor totémico a la bioluminiscencia de la frente de la *tsahik*. Se cree que su intrincado patrón se debe a su cercanía con Eywa.

Ámbar

UN MUNDO NUEVO

Adaptarse no es algo que a Neytiri se le dé bien. Le cuesta acostumbrarse al nuevo bioma de la familia en el arrecife y adaptarse al estilo de vida de sus anfitriones. El arrecife es totalmente distinto del único mundo que ella ha conocido: el bosque. En él, ella tenía la certeza del entorno, de su lugar en él y de sus legendarias habilidades.

Taparrabo tejido

TSAKAREM

Todos los clanes tienen una *tsahìk* que mantiene el conocimiento de hierbas y plantas sagradas, lleva a cabo rituales, sana e interpreta la voluntad de Eywa. Neytiri es la heredera natural del puesto de *tsahìk* de su madre, Mo'at, que lo ocupa en la actualidad. Por norma general, el primogénito de un *tsahìk* hereda el papel. Tras la muerte de su hermana, Sylwanin, Neytiri, como segunda hija, aún está haciéndose a la idea de ser *tsakarem* (*tsahìk* en formación). Neytiri ha hallado solaz en su renovado amor por Eywa. Si bien Neytiri oficia algunas ceremonias y posee algunos roles oficiales, su madre seguirá siendo la *tsahìk* del clan hasta que Neytiri esté lista.

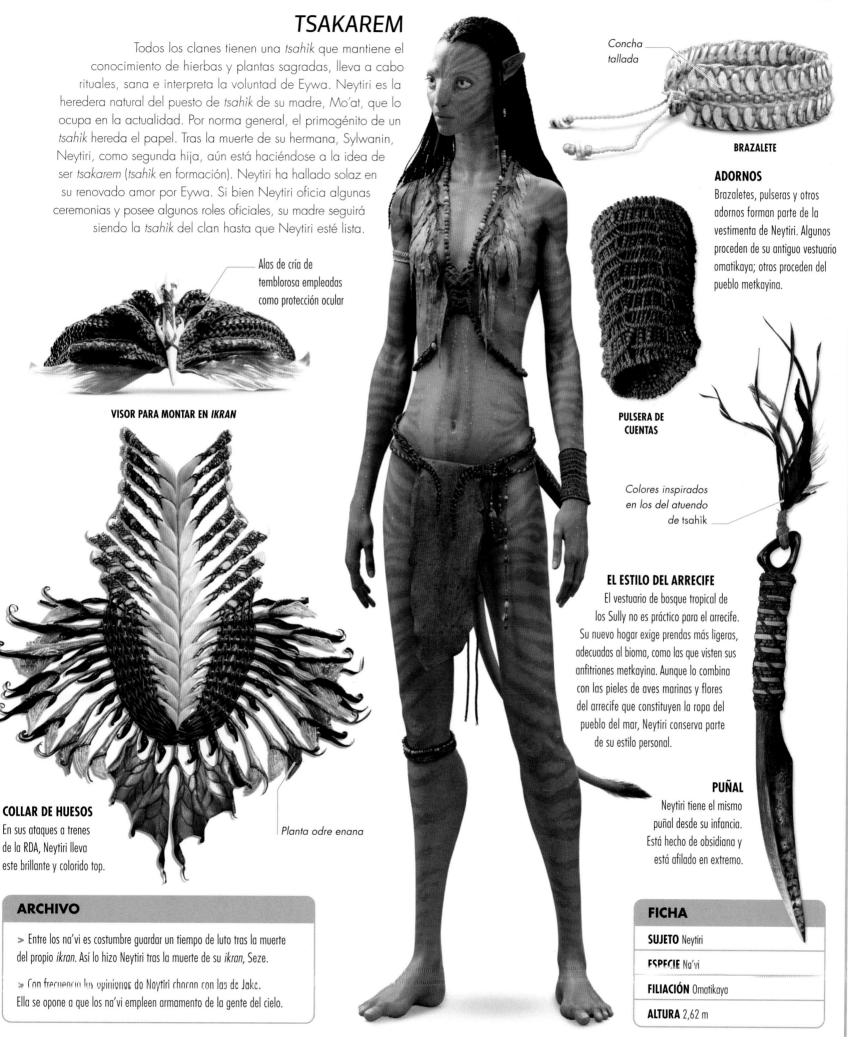

Alas de cría de temblorosa empleadas como protección ocular

VISOR PARA MONTAR EN *IKRAN*

Concha tallada

BRAZALETE

ADORNOS

Brazaletes, pulseras y otros adornos forman parte de la vestimenta de Neytiri. Algunos proceden de su antiguo vestuario omatikaya; otros proceden del pueblo metkayina.

PULSERA DE CUENTAS

Colores inspirados en los del atuendo de tsahìk

EL ESTILO DEL ARRECIFE

El vestuario de bosque tropical de los Sully no es práctico para el arrecife. Su nuevo hogar exige prendas más ligeras, adecuadas al bioma, como las que visten sus anfitriones metkayina. Aunque lo combina con las pieles de aves marinas y flores del arrecife que constituyen la ropa del pueblo del mar, Neytiri conserva parte de su estilo personal.

PUÑAL

Neytiri tiene el mismo puñal desde su infancia. Está hecho de obsidiana y está afilado en extremo.

COLLAR DE HUESOS

En sus ataques a trenes de la RDA, Neytiri lleva este brillante y colorido top.

Planta odre enana

ARCHIVO

> Entre los na'vi es costumbre guardar un tiempo de luto tras la muerte del propio *ikran*. Así lo hizo Neytiri tras la muerte de su *ikran*, Seze.

> Con frecuencia las opiniones de Neytiri chocan con las de Jake. Ella se opone a que los na'vi empleen armamento de la gente del cielo.

FICHA

SUJETO	Neytiri
ESPECIE	Na'vi
FILIACIÓN	Omatikaya
ALTURA	2,62 m

NETEYAM

FUERTE Y CONFIADO, Neteyam te Suli Tsyeyk'itan es el hijo mayor de Neytiri y Jake Sully. El clan lo adora por ser un atleta y cazador nato, como su madre, y por ser noble como su padre. Cuando Jake y Neytiri se ven obligados a irse, piden a Neteyam que cuide de sus hermanos. Neteyam los adora, y aunque se muestra competitivo con su hermano menor Lo'ak, les ofrece su apoyo para que todos puedan tener éxito y brillar. Neteyam se exige a sí mismo un estándar inusitadamente alto. Así como su hermano vive a su sombra, Neteyam vive a la sombra de su padre. Siempre intenta demostrar su valía a Jake y asegurarse de que su padre reconoce sus logros y méritos.

Rodea las orejas

VISOR PARA MONTAR EN *IKRAN*

COLLAR DE CUENTAS

FLECHA

ARCO Y FLECHA
Neteyam, un arquero experto, fue el omatikaya más joven en lograr una diana perfecta en una caza de sturmbeest.

Arco hecho con madera del Árbol Madre caído

El comunicador le permite comunicarse con sus hermanos

Fajín omatikaya

Brazalete de piel

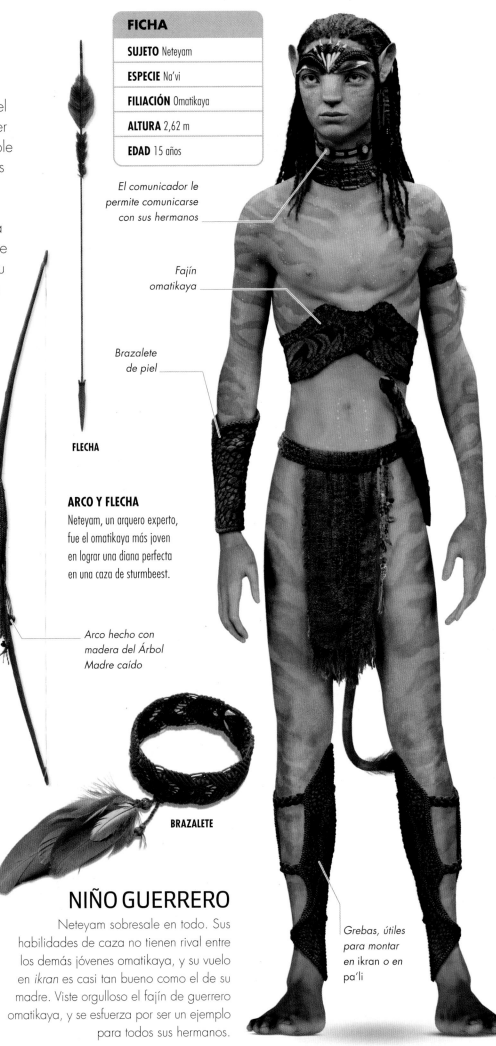

BRAZALETE

NIÑO GUERRERO
Neteyam sobresale en todo. Sus habilidades de caza no tienen rival entre los demás jóvenes omatikaya, y su vuelo en *ikran* es casi tan bueno como el de su madre. Viste orgulloso el fajín de guerrero omatikaya, y se esfuerza por ser un ejemplo para todos sus hermanos.

Grebas, útiles para montar en ikran o en pa'li

Neteyam cuenta con la confianza de sus padres, y a menudo los acompaña en misiones.

Guijarros de color turquesa

COLLAR TEJIDO

Cuando llega al arrecife, Neteyam lleva su collar puesto. Creó este importante objeto en el estilo clásico llevado por generaciones de guerreros omatikaya, como Tsu'tey.

Cuenta que representa la primera nana que Neteyam recuerda que le cantaron

Puñal omatikaya elaborado con piel y fibras enceradas de las frondas superiores de una palmera gigante

PUÑAL OMATIKAYA

BRAZALETE TRENZADO

A LA ALTURA DEL DESAFÍO

Con abundancia de autoconfianza y habilidades sociales, Neteyam forja un vínculo entre los niños de la familia y los de los metkayina, y allana el camino a relaciones amistosas entre los adultos. Neteyam hace todo lo posible por asegurarse de que Lo'ak, Kiri y Tuk no hagan enfadar a los metkayina.

CORDÓN DE LAS CANCIONES

KIRI

KIRI TE SULI KÌREYSÌ'ITE es una na'vi curiosa y tremendamente inteligente, amada hija de Jake Sully y Neytiri. Sus orígenes están envueltos en el misterio. Poco después de la muerte de Grace Augustine, se descubrió que su avatar durmiente estaba embarazado, y Jake y Neytiri decidieron adoptar al niño cuando naciera.

Cabello descuidado, típico de exploradora

Collar de Grace Augustine, Kiri lo lleva siempre para estar cerca de su madre

COLLAR

SIGNIFICADO ESPECIAL

Los omatikaya solo crean prendas de ropa que signifiquen algo para quien las viste. A menudo las crean los propios individuos para sí mismos o para alguien a quien tienen en estima. Es muy raro que creen ropa para comerciar con ella.

Inspirada por el ojo de Eywa

Taparrabo de piel de animal marino

CHAL

BRAZALETE METKAYINA

MENSAJES EN LA ROPA

Entre los na'vi, las prendas de la parte superior del cuerpo tienen significado totémico. Ya sea que represente el estatus en el clan, la silueta de un depredador en señal de orgullo o, como en el caso de Kiri, patrones asimétricos que evocan la naturaleza, lo cierto es que cada individuo envía un mensaje acerca de su identidad y de cómo contribuye al clan.

Algas marinas con color natural

TOP MARINO TRENZADO

HIJA DE LA NATURALEZA

Kiri no se parece a ningún na'vi ni avatar que los omatikaya hayan conocido jamás. Desde su más tierna infancia ha tenido un lazo inusualmente fuerte con Eywa, más incluso que el de un *tsahik*. Fue capaz de unirse a su *ikran* sin siquiera emplear las boleadoras para banshee. Sencillamente caminó hasta el *ikran* que le gustaba, lo miró a los ojos y lo montó. Ambos quedaron vinculados y ella voló por primera vez. En ocasiones, en el bosque Kiri se pierde en sus pensamientos y en una silenciosa meditación. A veces, durante una tarea o recado, sus hermanos se dan cuenta de que ha desaparecido. A menudo la encuentran yaciendo en la tierra, los ojos cerrados, escuchando el pulso de Eywa.

INFANCIA

Cuando Kiri fue suficientemente mayor la adoptaron. Siente la pertenencia a la familia Sully, que la crio, pero también se siente un tanto apartada. Hermana dedicada, Kiri cuida de sus hermanos menores, en especial de Tuktirey, pero siempre que puede los dejará un momento y acudirá al biolaboratorio a visitar a su madre biológica. Allí mira antiguo metraje en vídeo de ella, e intentando comprender su propio lugar en el mundo, habla quedamente al avatar durmiente tras el cristal.

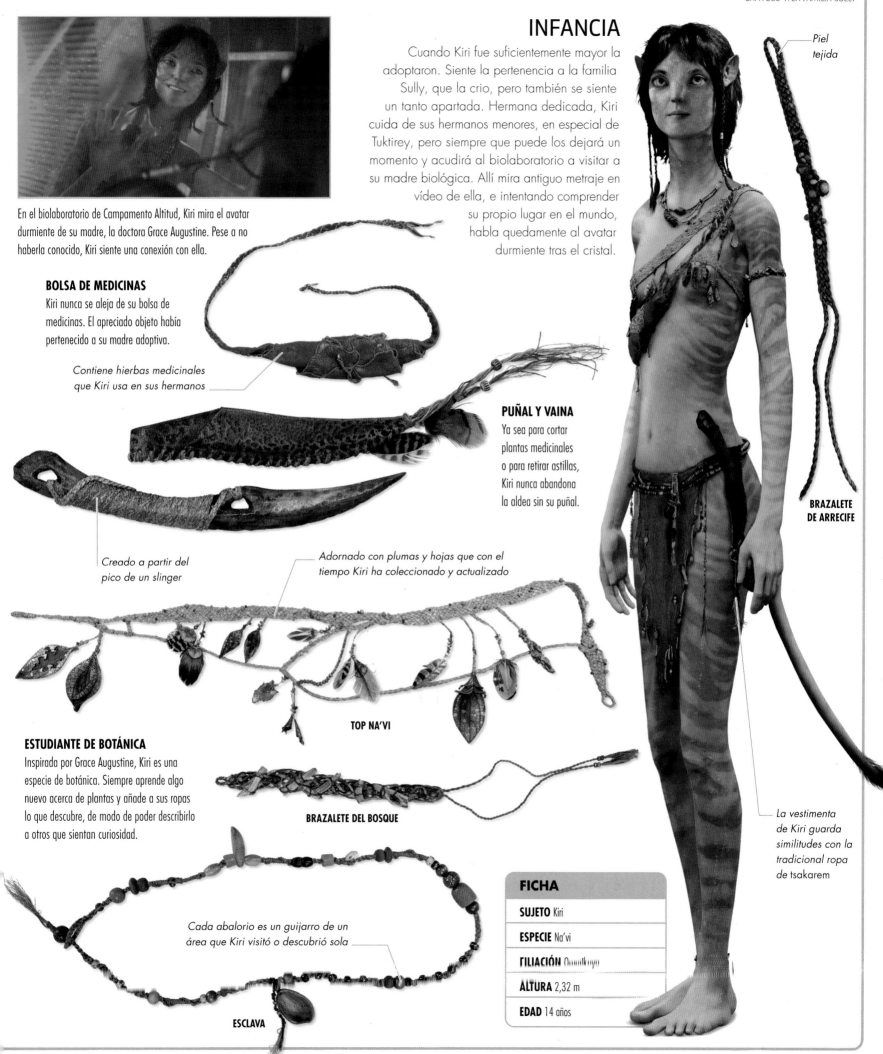

En el biolaboratorio de Campamento Altitud, Kiri mira el avatar durmiente de su madre, la doctora Grace Augustine. Pese a no haberla conocido, Kiri siente una conexión con ella.

Piel tejida

BOLSA DE MEDICINAS

Kiri nunca se aleja de su bolsa de medicinas. El apreciado objeto había pertenecido a su madre adoptiva.

Contiene hierbas medicinales que Kiri usa en sus hermanos

PUÑAL Y VAINA

Ya sea para cortar plantas medicinales o para retirar astillas, Kiri nunca abandona la aldea sin su puñal.

Creado a partir del pico de un slinger

Adornado con plumas y hojas que con el tiempo Kiri ha coleccionado y actualizado

BRAZALETE DE ARRECIFE

TOP NA'VI

ESTUDIANTE DE BOTÁNICA

Inspirada por Grace Augustine, Kiri es una especie de botánica. Siempre aprende algo nuevo acerca de plantas y añade a sus ropas lo que descubre, de modo de poder describirlo a otros que sientan curiosidad.

BRAZALETE DEL BOSQUE

La vestimenta de Kiri guarda similitudes con la tradicional ropa de tsakarem

Cada abalorio es un guijarro de un área que Kiri visitó o descubrió sola

ESCLAVA

FICHA

SUJETO	Kiri
ESPECIE	Na'vi
FILIACIÓN	Omatikaya
ALTURA	2,32 m
EDAD	14 años

LO'AK

LO'AK TE SULI Tsyeyk'itan, segundo hijo de Jake y Neytiri, ha crecido sintiéndose un extraño en su propia familia y, en general, en el clan omatikaya. Se siente diferente a sus hermanos, Tuk y el resplandeciente Neteyam. Tiene cuatro dedos (en vez de los tres habituales en los na'vi), y muchos lo consideran más humano que na'vi. Atolondrado, alocado, impulsivo, Lo'ak reacciona lanzándose de cabeza a sus experiencias, intentando ponerse al nivel de su hermano mayor. Su hermana más cercana y confidente es Kiri. Ambos han desarrollado una sólida amistad con el niño humano Spider, encontrando consuelo recíproco en su compañía y creciendo juntos.

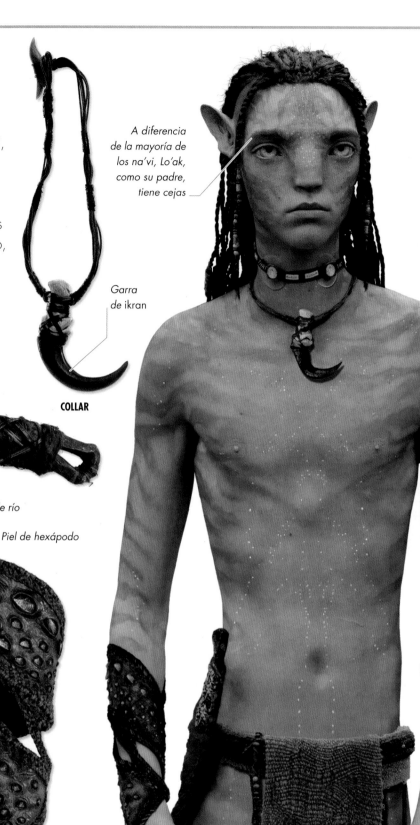

A diferencia de la mayoría de los na'vi, Lo'ak, como su padre, tiene cejas

Garra de ikran

COLLAR

PUÑAL DE CAZA

Hecho con cristal afilado de lecho de río

VAINA

JOVEN CAZADOR

Lo'ak aún no ha pasado su *uniltaron* («caza de sueños»), de modo que aún no viste el típico fajín omatikaya.

Piel de hexápodo

BRAZALETE REFORZADO

Trama tejida que le enseñó Mo'at

Amarillo inspirado en el color secundario de su ikran

BRAZALETE

EN LA SOMBRA

Es difícil crecer rodeado de perfección. Lo'ak lucha por salir de la sombra que proyecta no solo su heroico y legendario padre, Jake Sully, sino también su hermano mayor, Neteyam, el chico perfecto del clan omatikaya.

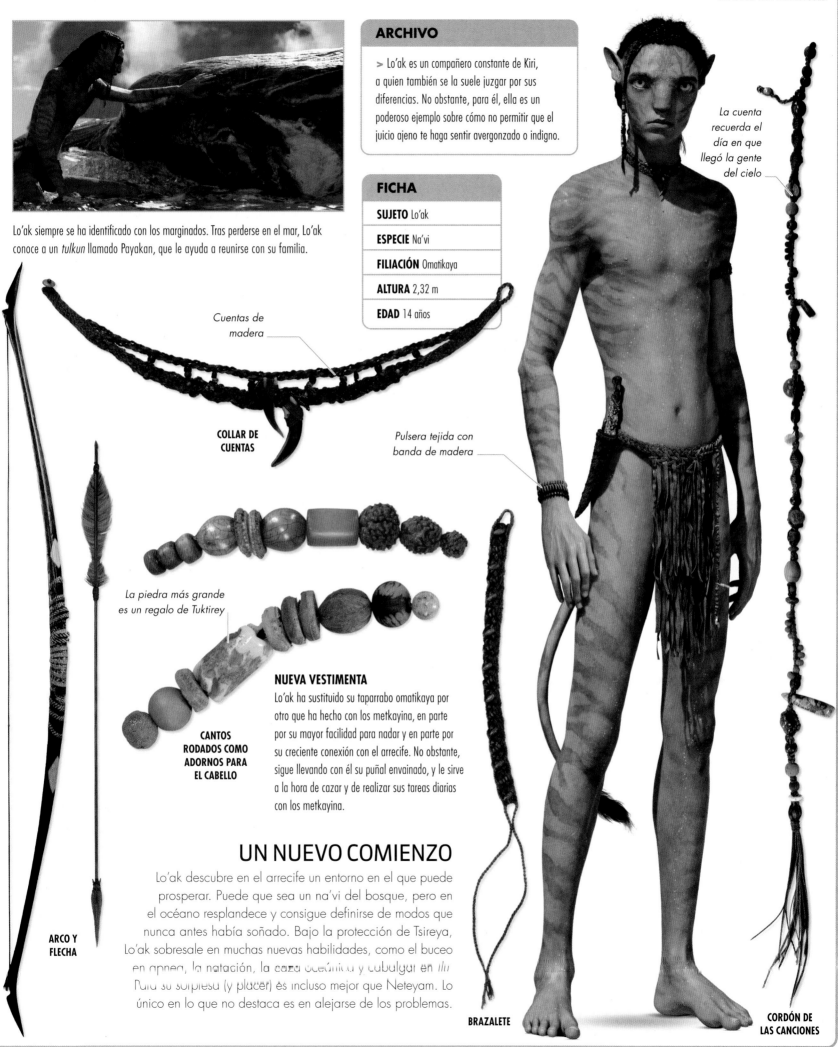

ARCHIVO

> Lo'ak es un compañero constante de Kiri, a quien también se la suele juzgar por sus diferencias. No obstante, para él, ella es un poderoso ejemplo sobre cómo no permitir que el juicio ajeno te haga sentir avergonzado o indigno.

FICHA

SUJETO	Lo'ak
ESPECIE	Na'vi
FILIACIÓN	Omatikaya
ALTURA	2,32 m
EDAD	14 años

Lo'ak siempre se ha identificado con los marginados. Tras perderse en el mar, Lo'ak conoce a un *tulkun* llamado Payakan, que le ayuda a reunirse con su familia.

La cuenta recuerda el día en que llegó la gente del cielo

Cuentas de madera

COLLAR DE CUENTAS

Pulsera tejida con banda de madera

La piedra más grande es un regalo de Tuktirey

CANTOS RODADOS COMO ADORNOS PARA EL CABELLO

NUEVA VESTIMENTA

Lo'ak ha sustituido su taparrabo omatikaya por otro que ha hecho con los metkayina, en parte por su mayor facilidad para nadar y en parte por su creciente conexión con el arrecife. No obstante, sigue llevando con él su puñal envainado, y le sirve a la hora de cazar y de realizar sus tareas diarias con los metkayina.

UN NUEVO COMIENZO

Lo'ak descubre en el arrecife un entorno en el que puede prosperar. Puede que sea un na'vi del bosque, pero en el océano resplandece y consigue definirse de modos que nunca antes había soñado. Bajo la protección de Tsireya, Lo'ak sobresale en muchas nuevas habilidades, como el buceo en apnea, la natación, la caza oceánica y cabalgar en ilu. Para su sorpresa (y placer) es incluso mejor que Neteyam. Lo único en lo que no destaca es en alejarse de los problemas.

ARCO Y FLECHA

BRAZALETE

CORDÓN DE LAS CANCIONES

TUKTIREY

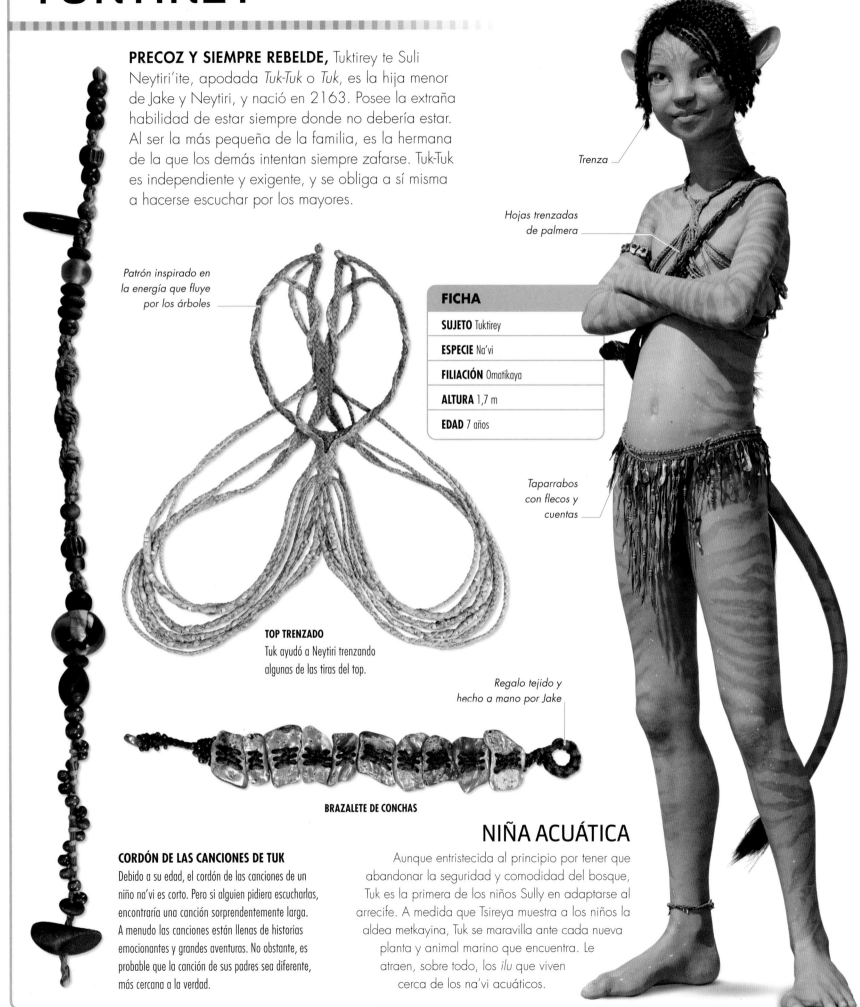

PRECOZ Y SIEMPRE REBELDE, Tuktirey te Suli Neytiri'ite, apodada *Tuk-Tuk* o *Tuk*, es la hija menor de Jake y Neytiri, y nació en 2163. Posee la extraña habilidad de estar siempre donde no debería estar. Al ser la más pequeña de la familia, es la hermana de la que los demás intentan siempre zafarse. Tuk-Tuk es independiente y exigente, y se obliga a sí misma a hacerse escuchar por los mayores.

Trenza

Hojas trenzadas de palmera

Patrón inspirado en la energía que fluye por los árboles

FICHA

SUJETO	Tuktirey
ESPECIE	Na'vi
FILIACIÓN	Omatikaya
ALTURA	1,7 m
EDAD	7 años

Taparrabos con flecos y cuentas

TOP TRENZADO
Tuk ayudó a Neytiri trenzando algunas de las tiras del top.

Regalo tejido y hecho a mano por Jake

BRAZALETE DE CONCHAS

NIÑA ACUÁTICA

CORDÓN DE LAS CANCIONES DE TUK
Debido a su edad, el cordón de las canciones de un niño na'vi es corto. Pero si alguien pidiera escucharlas, encontraría una canción sorprendentemente larga. A menudo las canciones están llenas de historias emocionantes y grandes aventuras. No obstante, es probable que la canción de sus padres sea diferente, más cercana a la verdad.

Aunque entristecida al principio por tener que abandonar la seguridad y comodidad del bosque, Tuk es la primera de los niños Sully en adaptarse al arrecife. A medida que Tsireya muestra a los niños la aldea metkayina, Tuk se maravilla ante cada nueva planta y animal marino que encuentra. Le atraen, sobre todo, los *ilu* que viven cerca de los na'vi acuáticos.

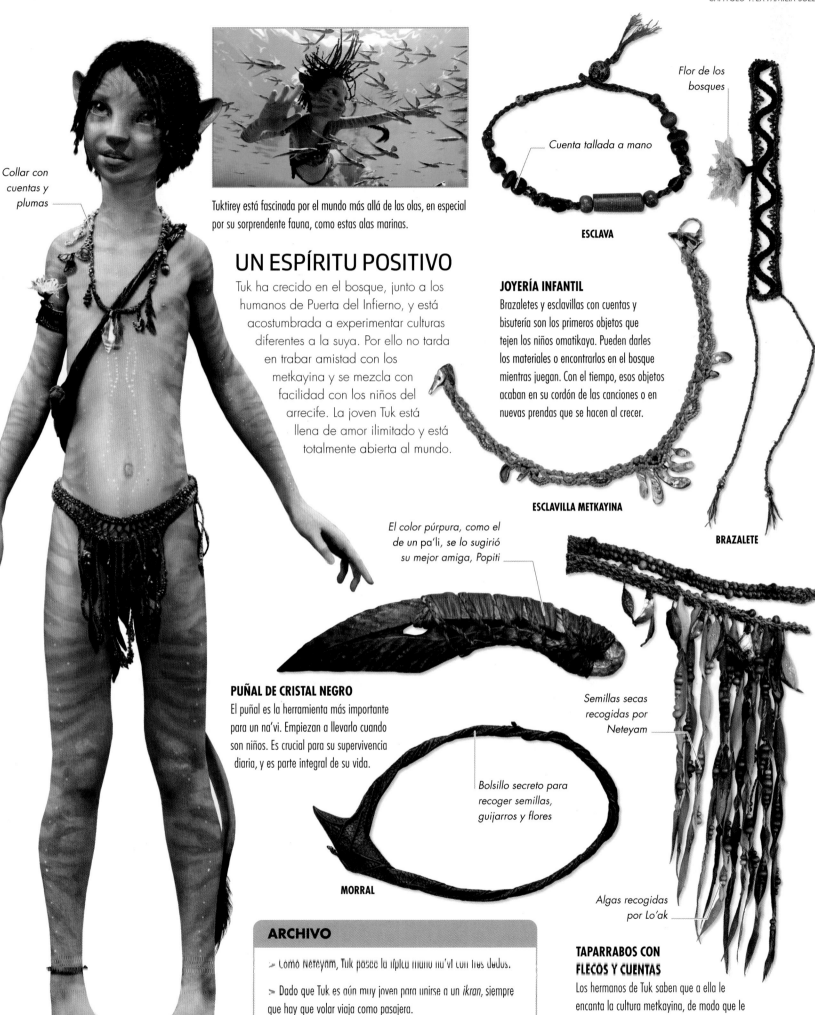

Collar con cuentas y plumas

Tuktirey está fascinada por el mundo más allá de las olas, en especial por su sorprendente fauna, como estas alas marinas.

UN ESPÍRITU POSITIVO

Tuk ha crecido en el bosque, junto a los humanos de Puerta del Infierno, y está acostumbrada a experimentar culturas diferentes a la suya. Por ello no tarda en trabar amistad con los metkayina y se mezcla con facilidad con los niños del arrecife. La joven Tuk está llena de amor ilimitado y está totalmente abierta al mundo.

Cuenta tallada a mano

Flor de los bosques

ESCLAVA

JOYERÍA INFANTIL

Brazaletes y esclavillas con cuentas y bisutería son los primeros objetos que tejen los niños omatikaya. Pueden darles los materiales o encontrarlos en el bosque mientras juegan. Con el tiempo, esos objetos acaban en su cordón de las canciones o en nuevas prendas que se hacen al crecer.

ESCLAVILLA METKAYINA

BRAZALETE

El color púrpura, como el de un pa'li, se lo sugirió su mejor amiga, Popiti

PUÑAL DE CRISTAL NEGRO

El puñal es la herramienta más importante para un na'vi. Empiezan a llevarlo cuando son niños. Es crucial para su supervivencia diaria, y es parte integral de su vida.

Semillas secas recogidas por Neteyam

Bolsillo secreto para recoger semillas, guijarros y flores

MORRAL

Algas recogidas por Lo'ak

ARCHIVO

➤ Como Neteyam, Tuk posee la típica mano na'vi con tres dedos.

➤ Dado que Tuk es aún muy joven para unirse a un *ikran*, siempre que hay que volar viaja como pasajera.

TAPARRABOS CON FLECOS Y CUENTAS

Los hermanos de Tuk saben que a ella le encanta la cultura metkayina, de modo que le regalan un taparrabos especial como celebración.

CAPÍTULO 2:
EL CLAN OMATIKAYA

Después de la destrucción del Árbol Madre y la expulsión de la mayoría de los humanos de Pandora, el clan omatikaya se instaló en las cercanías de la Puerta del Infierno. La nueva aldea del clan es una agrupación de *marui*. Cuando llega el temido día del regreso de la gente del cielo, el líder omatikaya, Jake Sully, y los demás miembros del clan toman la difícil decisión de abandonar el bosque. Se refugian en un sistema de cuevas oculto en las montañas Aleluya, desde donde efectúan ataques contra la infraestructura y líneas de suministro de la RDA.

CAMPAMENTO ALTITUD

CAMPAMENTO ALTITUD, un sistema de cuevas defendible con facilidad en el interior de Mons Veritatis, una gran montaña flotante de las Aleluya, es una fortaleza na'vi que el líder del clan, Jake Sully, ha designado como retiro en caso de que sea necesario esconderse de las fuerzas de la RDA. A la gruta principal no se entra horizontalmente, sino verticalmente, en *ikran*, a través de una gran grieta en el suelo. Luego se convierte en el campamento base de la guerrilla, equipado con una cabaña de enlace para albergar actividad avatar y na'vi. Si bien se trata de un último refugio, para los humanos y na'vi que conviven allí acaba convirtiéndose en un auténtico hogar. Con la sofisticada tecnología y los modos de vida indígenas coexistiendo con tanta intimidad, el abarrotado Campamento Altitud mejora la sensación de comunidad y mezcla de culturas del grupo de resistentes.

REFUGIO OCULTO

La gruta que se convertiría en Campamento Altitud está oculta en lo profundo de las montañas Aleluya. Cuando Jake la descubrió supo que ofrecería un escondite ideal contra la RDA. Con la entrada principal situada en la parte inferior de una gran montaña flotante, la gruta y sus cámaras adyacentes resultan invisibles a los ojos de la RDA y sus imágenes orbitales. Siempre que mantengan la disciplina de formación, los soldados aéreos de Jake van y vienen de Campamento Altitud sin ser detectados. Así, esta fortaleza pétrea constituye una formidable base de operaciones para ataques contra instalaciones de la RDA, a las que Jake puede golpear y luego desaparecer. Por supuesto, localizar Campamento Altitud es una de las máximas prioridades de una frustrada RDA.

FICHA

NOMBRE	Campamento Altitud
LOCALIZACIÓN	Montañas Aleluya
TERRENO	Superficie rocosa (sistema de cuevas)
POBLACIÓN	Humana y na'vi

ESPACIOS SOCIALES

Campamento Altitud contiene una fogata y varios espacios comunitarios que proporcionan oportunidades a los líderes para hablar, y permiten a los omatikaya y sus aliados humanos socializar. Nada une tanto a un grupo como las dificultades y un objetivo común; así, no es sorprendente que en Campamento Altitud surjan profundas amistades.

CASA COMÚN DE AVATARES
Estos marui albergan cuerpos de avatares, y ofrecen hamacas y servicio médico.

BIOLABORATORIO
Estructuras hinchables para servicios médicos, de investigación y de enlace.

ARCHIVO

> Fogatas y mantas na'vi convierten los húmedos suelos de la cueva en lugares confortables. Las viviendas son modulares y ligeras, y pueden ser trasladadas en pocos minutos.

> Las cuerdas estructurales de los *marui* se sujetan no solo a las paredes de la cueva, sino también a pequeñas rocas flotantes que además son el soporte de cables y luces.

MALETÍN CERRADO

JUEGO DE LIMPIEZA DE FA
Mantener el armamento operativo durante años no es fácil, pero Jake y los rebeldes lo consiguen con juegos de limpieza personalizados. Este está pensado para el FA Skel.

MARUI

EN LA CUEVA CONOCIDA como Campamento Altitud, familias e individuos de los omatikaya han construido estructuras tejidas llamadas *marui*, reparables y fácilmente sustituibles. Se componen de varillas de mimbre envueltas con resistentes telas tensadas superpuestas, en una forma triangular o curvada. El exterior del *marui* puede aguantar fuertes vientos y ofrece protección contra el goteo de agua del techo de la cueva. Dentro del *marui*, por encima del irregular suelo se suspenden hamacas individuales para alejar insectos reptadores de los na'vi durmientes. Despiertos, los habitantes pueden sentarse con comodidad en un cojín junto a una acogedora fogata.

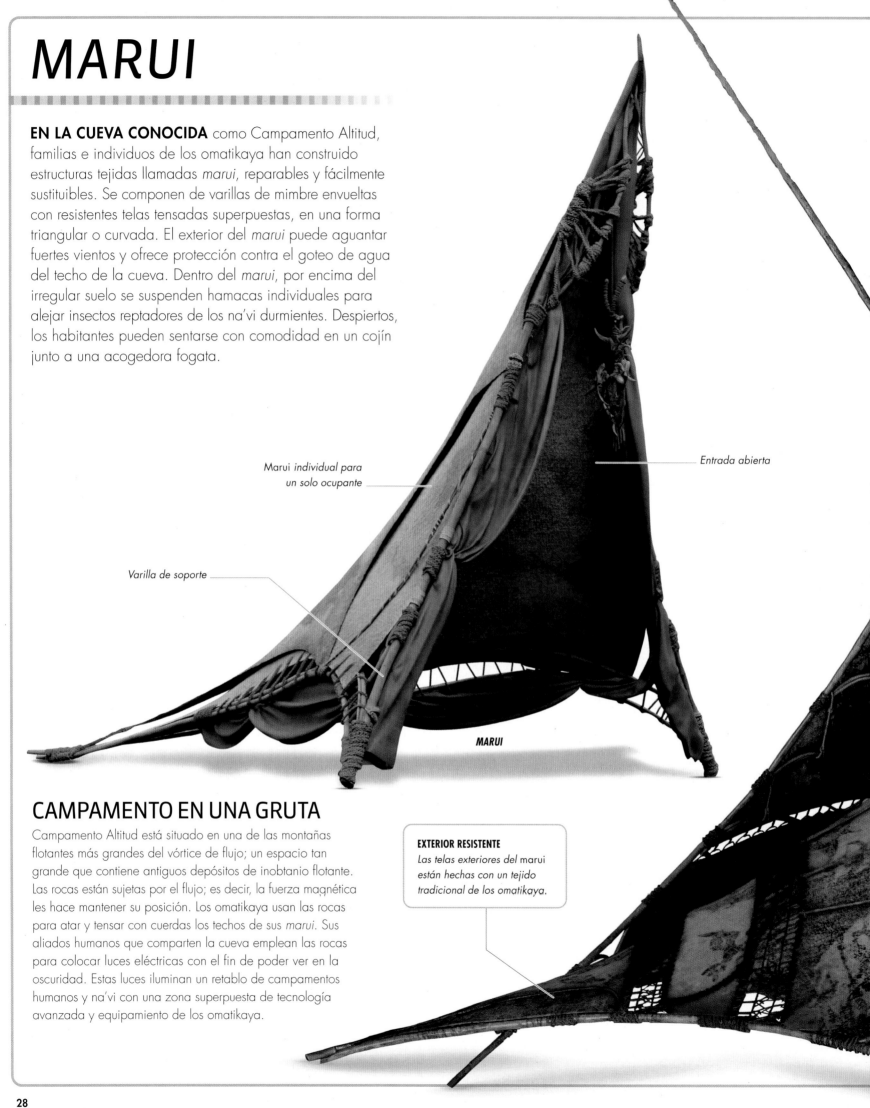

Marui *individual para un solo ocupante*

Varilla de soporte

Entrada abierta

MARUI

CAMPAMENTO EN UNA GRUTA

Campamento Altitud está situado en una de las montañas flotantes más grandes del vórtice de flujo; un espacio tan grande que contiene antiguos depósitos de inobtanio flotante. Las rocas están sujetas por el flujo; es decir, la fuerza magnética les hace mantener su posición. Los omatikaya usan las rocas para atar y tensar con cuerdas los techos de sus *marui*. Sus aliados humanos que comparten la cueva emplean las rocas para colocar luces eléctricas con el fin de poder ver en la oscuridad. Estas luces iluminan un retablo de campamentos humanos y na'vi con una zona superpuesta de tecnología avanzada y equipamiento de los omatikaya.

EXTERIOR RESISTENTE
Las telas exteriores del marui *están hechas con un tejido tradicional de los omatikaya.*

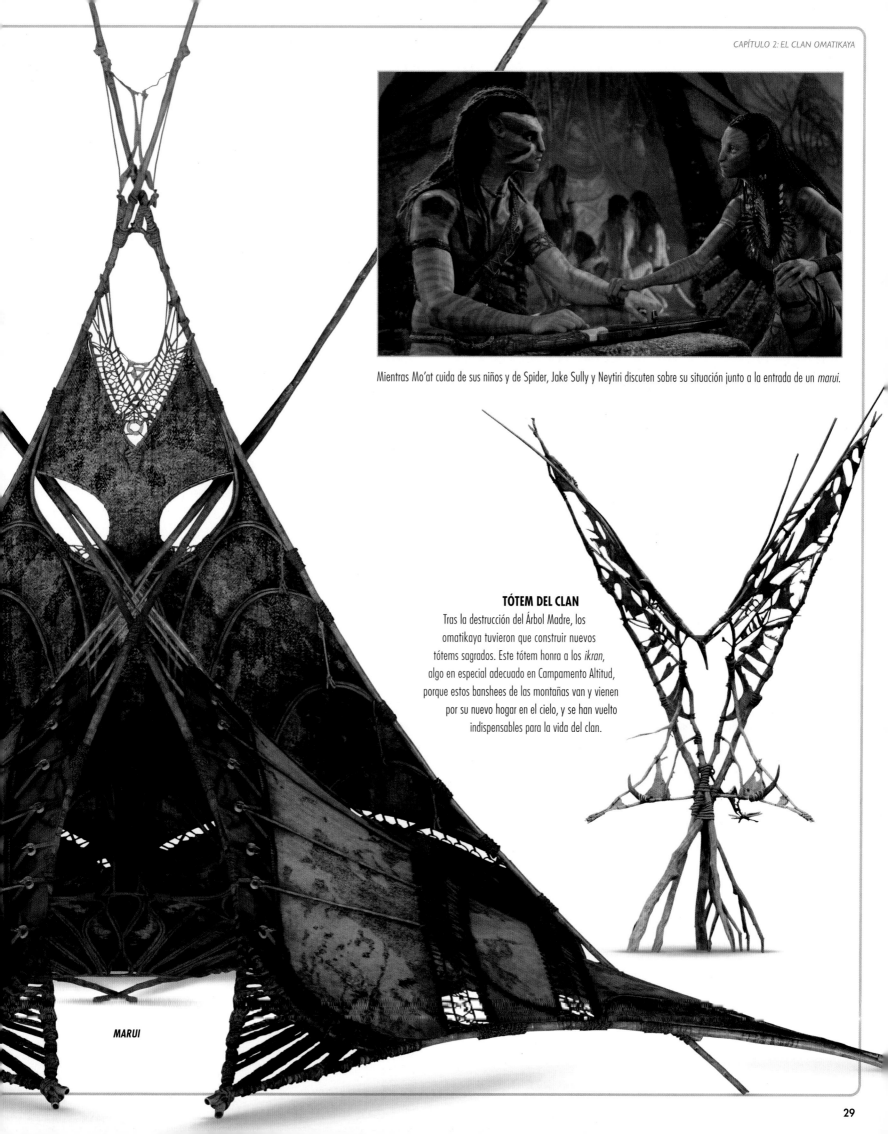

Mientras Mo'at cuida de sus niños y de Spider, Jake Sully y Neytiri discuten sobre su situación junto a la entrada de un *marui*.

TÓTEM DEL CLAN

Tras la destrucción del Árbol Madre, los
omatikaya tuvieron que construir nuevos
tótems sagrados. Este tótem honra a los *ikran*,
algo en especial adecuado en Campamento Altitud,
porque estos banshees de las montañas van y vienen
por su nuevo hogar en el cielo, y se han vuelto
indispensables para la vida del clan.

MARUI

COCINA OMATIKAYA

LOS OMATIKAYA están orgullosos de sus conocimientos para preparar carne, verduras, frutas, semillas y especias en una miríada de combinaciones. Los ingredientes se cortan en dados, se aliñan y se sirven en una hoja como plato, con aceites naturales y sal, o se arrollan en una hoja de viña comestible, el *nikt'syey*. Estos platos tradicionales se pueden comer mientras se caza y se forrajea, o en casa con la familia. Son comidas nutritivas y equilibradas, y al animal que dio su vida se lo toma tan solo por el bien del clan y del ecosistema de Pandora.

Fruta de yovo

CESTA DE FRUTA
La fruta de Pandora se suele recoger en cestos tejidos de varillas de madera y mimbre.

Filete de seta servido con fruta y mucílago secado al sol, comprado estacionalmente a un clan nómada

PLATO VEGETARIANO

UNA TAREA COMUNAL

Mientras crían a sus hijos, los padres omatikaya cocinan y comen separados del espacio común del clan. Esto les permite inculcar mejores hábitos de sueño a sus hijos y atender a sus necesidades en silencio si se despiertan. El clan al completo apoya a la familia, ofreciéndoles cestas de fruta y verdura recogidas para ellos, así como proteína procedente de la caza. No se espera que la familia haga nada a cambio: tan solo asegurarse de que los niños crezcan sanos y fuertes, y así contribuyan a la supervivencia general de la próxima generación del clan.

Octhongo de cabeza comestible

COMIDA SERVIDA EN HOJA DE ESPARTANA

El sabor del fruto de la palmera leopardo ha sido descrito como «naranja cremosa»

Chipirón vegetal antioxidante con sus hojas

TABLA DE CORTE

PLATO DE CARNE

Sturmbeest asado servido con hexarraíz y patata alubia sobre una capa de cítrico y sal y sazonado con sal de roca

Utu mauti (fruta de banano)

A veces en la cocción se deja la piel

TUBÉRCULO DE PANDORA

CUENCO DE FRUTA

Vaina de semilla reutilizada

OBJETOS OMATIKAYA

LOS OMATIKAYA CREAN objetos prácticos y herramientas de supervivencia diaria, de narración totémica y de disfrute. Emplean materiales sostenibles del bosque, como madera, minerales, calabazas, cañas y hojas, así como pieles animales, hueso y garras. Como tejedores expertos, en sus tejidos integran patrones, emulando lo que ven en la naturaleza: complejidad con un orden matemático mayor. En términos generales, los omatikaya tejen y crean de un modo holístico y orgánico, con bordes redondeados, espirales sagradas y patrones laberínticos en lugar de ángulos y líneas rectas.

HEXÁPODO DE JUGUETE

Los omatikaya animan a sus hijos a crear objetos basados en animales que ven en el bosque para que comprendan mejor sus formas y funciones.

La lengua indica que se trata de un dócil herbívoro

Cordón exterior inspirado en el color principal del animal

ESTERILLA NA'VI

HAMACA

Cordón interior inspirado en el color secundario de la piel del animal

ARTESANOS

Todos los omatikaya se especializan en al menos una artesanía. Un na'vi puede ser experto en el trenzado de cuerdas de arco, y otro, en coser con piel sillas de montar. Mediante la suma de sus trabajos individuales, los na'vi contribuyen a aumentar los recursos de los demás, formando un sistema cooperativo y un lazo de clan que les ha permitido sobrevivir decenas de miles de años.

Forro interior de piel impermeable de animal

Vaina vaciada con tejido y bandolera

Calabaza cortada y vaciada

CESTOS Y RECIPIENTES

A menudo, sencillas y funcionales cestas y recipientes son decorados para honrar el mundo natural y para exhibir el orgullo de su creador por sus habilidades. Son objetos que suelen usarse con una bandolera de hombro o de cabeza.

CESTA

RECIPIENTE DE AGUA

TAZA PARA TÉ

MEZCLADOR

SPIDER

MILES SOCORRO PREFIERE que lo llamen por su apodo, Spider. Se lo ganó con su propensión natural a trepar, que ya exhibió en sus primeros años de vida. Sus padres murieron en la batalla de las montañas Aleluya, pero él era demasiado pequeño para ser devuelto a la Tierra en criostasis. Miles permaneció en Pandora y lo adoptó una familia humana de Puerta del Infierno a la que Jake permitió quedarse. A medida que crece, Miles comienza a unirse a los niños Sully en sus aventuras. Este voluntarioso adolescente tiene un gran corazón y deseo de aventuras.

Spider es capturado por los Recom, llevado a Cabeza de Puente e interrogado por Quaritch.

AMIGO DE LA FAMILIA

No hay nada que Spider desee más que ser un na'vi y vivir con libertad en el bosque. Se ha pasado la vida tras las huellas cada vez más grandes de los niños Sully, e intenta emular lo mejor que puede su estilo de vida (y su aspecto). Se ha dejado rastas al estilo na'vi y se pinta el cuerpo con tinte azul de espartana para imitar el atigrado biológico típico de los na'vi.

PUÑAL DE SPIDER

Hoja de ámbar

Visor

RESPIRADOR

Spider emplea un exoequipo de respiración. Como todos los humanos de Pandora, no puede respirar el aire más de dos minutos antes de caer muerto. Llevar muchas cargas extra de batería es parte crucial del equipo que asegura que Spider no se quede sin aire que respirar cuando está en el bosque con los Sully.

EXOEQUIPO DE RESPIRACIÓN DE 1.º GENERACIÓN

Marco

Regulador

RESPIRADOR

La máscara posee un regulador bifásico. Emplea la energía de baterías para comprimir oxígeno y nitrógeno filtrados de la atmósfera y meterlos en un pequeño tanque presurizado.

ARCO INFANTIL

FICHA

SUJETO Miles *Spider* Socorro

ESPECIE Humano

FILIACIÓN Omatikaya

ALTURA 1,83 m

EDAD 16 años

HIJO DE PANDORA

Spider es un chico listo que ha aprendido a buscarse la vida en los bosques de Pandora. Gracias a la inferior gravedad de la luna, le resulta más fácil trepar a árboles que a los niños de la Tierra. Otra de sus actividades favoritas es visitar la aldea omatikaya, y saber qué alimentos puede comer con seguridad. Habla na'vi a la perfección y puede rastrear huellas y detectar sonidos ínfimos. Spider debe confiar en que su cuerpo sepa qué hacer, y los resultados son visibles en su forma física: es más grande y fuerte que un niño humano estándar de su edad.

Hoja bloqueante (se opera con una sola mano)

NAVAJA PLEGABLE DE LA RDA

Decoración con hojas del bosque

BRAZALETE OMATIKAYA

Hecho de fibras del bosque y cuentas talladas a mano

BRAZALETE DE SPIDER

ARCHIVO

> Para su familia adoptiva, la actitud de Spider es frustrante, pues está siempre en el bosque con los niños Sully, y se resiste a todo intento de hacerle pasar más tiempo con la comunidad humana de Puerta del Infierno.

▶ Como los científicos del Programa AVTR a los que visita, Spider se siente feliz compartiendo todo lo que sabe acerca de Pandora si alguien pregunta.

DOCTOR NORM SPELLMAN

JEFE DEL PROGRAMA AVTR, Norm Spellman tiene muchas responsabilidades: hacia su familia, hacia el clan omatikaya y hacia los humanos de Puerta del Infierno. Norm, uno de los humanos que se quedaron en Pandora, posee el conocimiento más vasto (y la mayor pasión) por el lenguaje, cultura e historia de los na'vi. Es la mano derecha de Jake, y le proporciona la perspectiva humana, así como consejos vitales para sus decisiones. Con sus lazos con ambas comunidades, Norm es indispensable para la diplomacia entre los omatikaya y la Puerta del Infierno.

Hecho con una de las primeras camisas que vistió en Pandora

PAÑUELO

Cabello descuidado por pasarse días en la unidad de enlace

DOCTOR MAX PATEL

El doctor Max Patel es uno de los pocos humanos que tras la expulsión se quedaron en Pandora. Ha sido uno de los más fieles aliados y confidentes de Jake. Tras trabajar en Pandora durante más de una década, ahora se lo considera el científico e investigador jefe de Puerta del Infierno. Los 15 años transcurridos desde la expulsión de la RDA lo han dejado con suministros limitados, lo que ha supuesto un reto para que él y su equipo inventen soluciones creativas para problemas tanto biológicos como técnicos que han ido surgiendo.

HOMBRE DE DOS MUNDOS

Norm viste una mezcla de ropas humanas, omatikaya y del clan olangi. Se trata de un clan que fue lamentablemente diezmado en la batalla de las montañas Aleluya, y sus supervivientes fueron aceptados en el clan omatikaya.

UNA VOZ RADICAL

Como Jake, Norm teme el regreso de la RDA y se muestra listo para enfrentarse al corrupto poder de la RDA y defender su hogar. Después del regreso de la RDA, ayuda a supervisar la evacuación de los omatikaya de su aldea junto a Puerta del Infierno en dirección a Campamento Altitud.

FICHA	
SUJETO Doctor Norm Spellman	
ESPECIE Humano	
FILIACIÓN Omatikaya	

Tejido omatikaya

SACO DEL RESPIRADOR DE MAX

Pantalones recortados para el calor de la jungla

ARCHIVO

> Durante la batalla de las montañas Aleluya, Norm logró localizar y salvar a su avatar aplicándole medicinas contra traumatismos.

> Ha autorizado una base de datos de todo el Programa AVTR con la esperanza de que algún día científicos pro-Pandora puedan aprender de él.

FICHA	
SUJETO Doctor Max Patel	
ESPECIE Humano	
FILIACIÓN Omatikaya	

VESTIMENTA DE DOCTOR

Envoltura de cuero sintético humano de Puerta del Infierno

Funda de piel de sturmbeest

Puñal construido en el estilo del clan olangi

PUÑAL DE NORM

CINTURÓN MILITAR DE LA RDA

Piel de sturmbeest, con patrón de sillas de montar pa'li de los olangi

MORRAL DE NORM

El bolso contiene la tableta de datos, suministros y útiles de investigación

Gemas similares a turquesas incrustadas en tiras de piel

BRAZALETES DE PIEL

MORRAL DE CAMPO

Adorno na'vi

CIENCIA Y ACCIÓN

Norm, científico e investigador por naturaleza, ha descubierto que posee habilidades más activas. Su papel en la batalla final contra la RDA lo envalentonó, y el voto de confianza de Jake le permitió asumir más responsabilidades, tanto en Puerta del Infierno como con los clanes.

Adorno de escama de tetrapteron

AVATAR LÍDER

Tras la muerte de la doctora Grace Augustine, la tendencia natural de Norm, un tipo trabajador, a prepararse bien para la tarea asignada lo pone en la situación ideal para que Jake lo nombre nuevo director del Programa AVTR. Norm aprovecha su capacidad para trabajar con individuos de todo tipo de procedencia para liderar a los demás científicos, pilotos de avatares y personal de apoyo. Jake confía en Norm como enlace con la comunidad científica de Puerta del Infierno.

Norm pasa tanto tiempo como puede enlazado a su avatar. Busca siempre nuevos modos de permanecer más tiempo en su cuerpo avatar.

COLLAR OLANGI

Collar de estilo tradicional olangi: una sola banda con un abalorio o cuenta central más grande.

BIOLABORATORIO

AUNQUE SE MONTÓ CON PRISAS en un entorno remoto, el biolaboratorio de Campamento Altitud es bastante espacioso y está bien equipado. Además de albergar unidades de enlace y el tanque amniótico de Grace Augustine, funciona como clínica y sala de emergencias para necesidades médicas de la comunidad. Dado que el aire de la Tierra es menos tóxico para los pandoranos que a la inversa, en el laboratorio se mantiene una mezcla humana de gases para que los humanos no tengan que usar máscaras. Sin embargo, para sobrevivir en el aire humano, los visitantes na'vi necesitan respiraciones adicionales de dióxido de carbono de una máscara. Viviendo junto a los omatikaya, Max Patel, Norm Spellman y los demás científicos han hecho grandes avances en la comprensión del mundo natural de Pandora que no eran posibles en los días de Puerta del Infierno, y han escrito nuevos capítulos en los libros de botánica, zoología y geología de la luna.

Las disoluciones fúngicas en placas de Petri se agitan antes del cultivo

MUESTRAS CULTIVADAS

El cable plano entrega datos de escaneos en tiempo real para su análisis en tableta de datos

Selector de modo del sistema

La red de sensores funciona al unísono para escanear el cerebro

MALLA DE DIAGNÓSTICO

Esta malla de sensores está pensada para una cabeza de na'vi, y proporciona avanzados diagnósticos cerebrales en situaciones en las que un escáner más sofisticado, como el toroide, no está disponible. Vigilar y mantener los estados cerebrales de los cuerpos avatar resulta esencial; todo técnico médico humano de Campamento Altitud tiene esta herramienta. También ha resultado una valiosa herramienta para el diagnóstico de trastornos naturales del cerebro que surjan en la comunidad omatikaya.

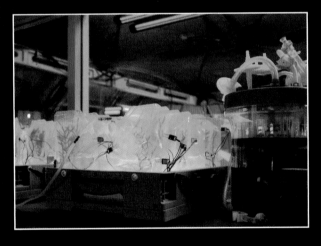

Muchos experimentos del laboratorio implican muestras vivas, como plantas en una célula con una atmósfera pandorana controlada. Un brazo robótico manipula los especímenes, toma muestras e inserta sondas eléctricas para examinar conductas en red. Los resultados de los experimentos se introducen en una serie de simulaciones informáticas que se refinan en posteriores experimentos del ciclo.

LA RED EYWA

Se presta especial atención al estudio de la llamada Red Eywa, la red de conexiones que une plantas y hongos miceliares de Pandora en una mente de tipo colmena. Los científicos de Campamento Altitud están decididos a averiguar cómo transmite información y se comunica con las mentes na'vi y otros animales. Siempre en busca de vida vegetal y fúngica inédita, los científicos realizan salidas de campo en helicóptero e *ikran* (usando avatares) a toda una gama de biomas de la luna. Por medio de sencillas técnicas y sofisticado equipo, como microscopios electrónicos, escáneres moleculares y rápidas perfiladoras genéticas, las muestras se catalogan y analizan en el laboratorio meticulosamente. Con potentes sistemas informáticos se trabaja de manera constante en modelos virtuales de conducta neural.

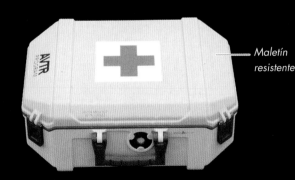

Maletín resistente

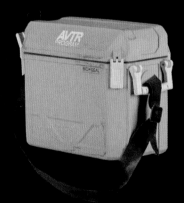

SUPERVIVENCIA

Cuidar de los avatares sin acceso al equipo completo de una base de operaciones de la RDA no es fácil. Por suerte, la enfermería de Campamento Altitud contiene tantos kits médicos para avatares como Max logró salvar a bordo de un helicóptero Samson.

MUESTRAS NATURALES

Estudiar Pandora exige una cuidadosa recogida y almacenamiento de muestras. De especial interés resultan las muestras botánicas, en especial cuando demuestran el comportamiento a escala planetaria de la conciencia de colmena de Eywa.

Rígidas vigas internas y externas
refuerzan el tejido tensado del laboratorio

ARCHIVO

> El biolaboratorio está construido con un sistema modular y estandarizado de la RDA, compuesto por vigas y un tejido hinchable y tensable. Aunque no tan resistente como la de los laboratorios de campaña de aluminio, esta arquitectura de membrana resulta adaptable a las necesidades de los equipos de científicos y conductores de avatares.

> Un tanque amniótico aloja y mantiene la salud del avatar de Grace. El medio líquido del tanque se filtra y calienta de manera constante, y el avatar se nutre mediante un umbilical a su sistema circulatorio. Los científicos están estudiando cómo alimentar el cuerpo con nutrientes naturales cuando se agoten las reservas médicas AVTR de Puerta del Infierno.

Libros y papeles son
materiales ideales
para este laboratorio
tan rústico

RECUERDOS

Los holotolos
recuerdan los
primeros días del
Programa AVTR.

ESTACIÓN DE ENLACE

PARA LA RDA, el Programa Avatar (AVTR) supuso numerosas contribuciones a la investigación científica. Pero acabó con un baño de sangre y una espectacular deserción de conductores de avatares de la RDA. Es para esos conductores que Max Patel mantiene el último juego de unidades de enlace avatar en una zona apartada de su biolaboratorio en Campamento Altitud. Oculto en las montañas Aleluya, este enlace permite a los conductores, ahora en el bando de los omatikaya y Jake Sully, operar sus avatares libremente por Pandora. No se conoce el alcance total de la conexión, pero los avatares han explorado enormes franjas de la luna, lo que corrobora que la tecnología de enlace podría ser independiente de la distancia.

Las sondas de inducción neural proporcionan sensaciones al conductor de avatar

La malla de sensores proporciona datos biométricos para asegurar la salud del conductor

Lejos de la limpieza quirúrgica de la sala de enlace de Puerta del Infierno, la de Campamento Altitud suple sus funciones. Cuatro unidades de enlace se alinean en la pared trasera, y varias otras se hallan separadas en tiendas de enlace en el Campamento Altitud. Sin ingeniería de la RDA, los aliados humanos de Jake deben mantener operativo por su cuenta el sistema de enlaces. Trabajo duro e ingenio han mantenido todo operativo, pero tratar con un equipo tan sensible y viejo es un trabajo a tiempo completo.

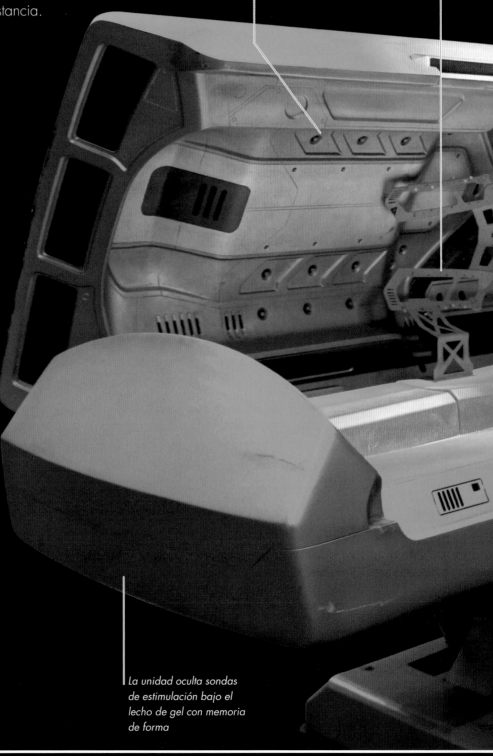

CONEXIÓN NEURAL

La unidad de enlace crea una conexión entre un conductor humano y su avatar, que ha sido genéticamente creado con un cerebro humano y un sistema nervioso central análogos. Este cerebro/SNC permanece durmiente e inconsciente, pero con un sistema de «enlace psiónico» se lo puede activar en perfecta sincronía con el cerebro del conductor. Una vez que ambos cerebros han logrado la «congruencia plena», el cuerpo del avatar funciona como un segundo cuerpo del conductor, y permite una «biotelepresencia» totalmente inmersiva e interactiva.

La unidad oculta sondas de estimulación bajo el lecho de gel con memoria de forma

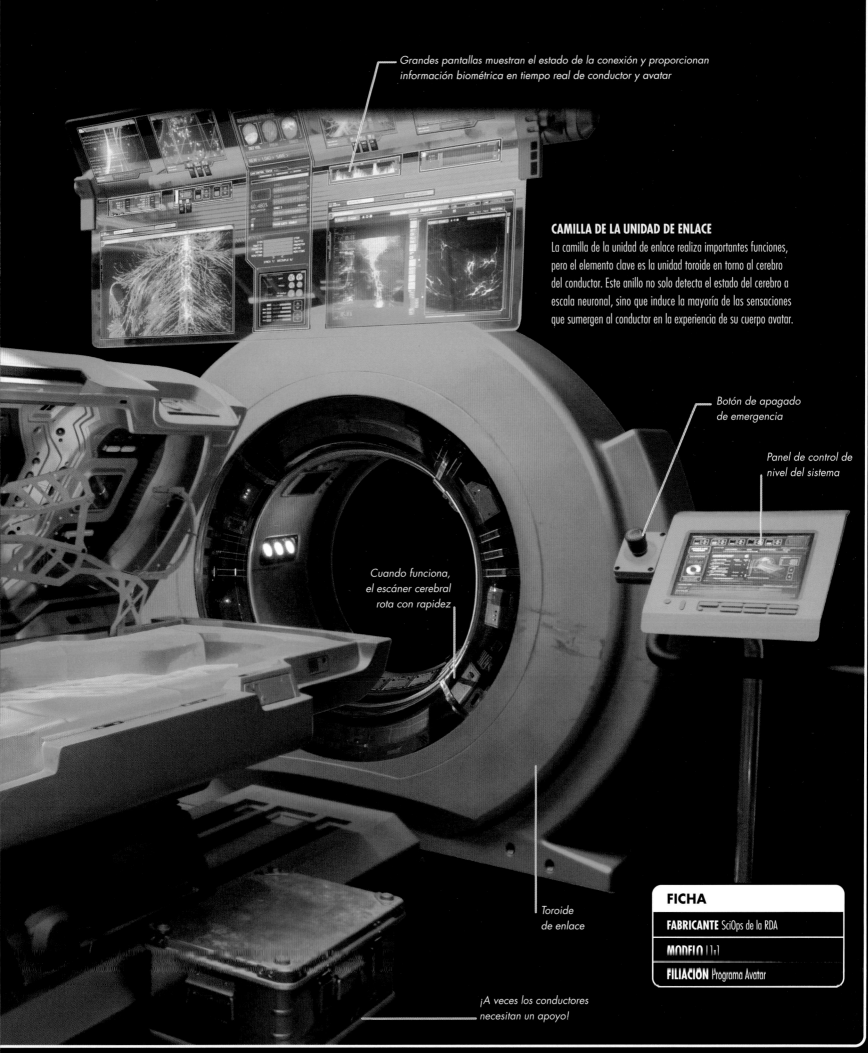

Grandes pantallas muestran el estado de la conexión y proporcionan información biométrica en tiempo real de conductor y avatar

CAMILLA DE LA UNIDAD DE ENLACE

La camilla de la unidad de enlace realiza importantes funciones, pero el elemento clave es la unidad toroide en torno al cerebro del conductor. Este anillo no solo detecta el estado del cerebro a escala neuronal, sino que induce la mayoría de las sensaciones que sumergen al conductor en la experiencia de su cuerpo avatar.

Botón de apagado de emergencia

Panel de control de nivel del sistema

Cuando funciona, el escáner cerebral rota con rapidez

Toroide de enlace

¡A veces los conductores necesitan un apoyo!

FICHA

FABRICANTE	SciOps de la RDA
MODELO	L1:1
FILIACIÓN	Programa Avatar

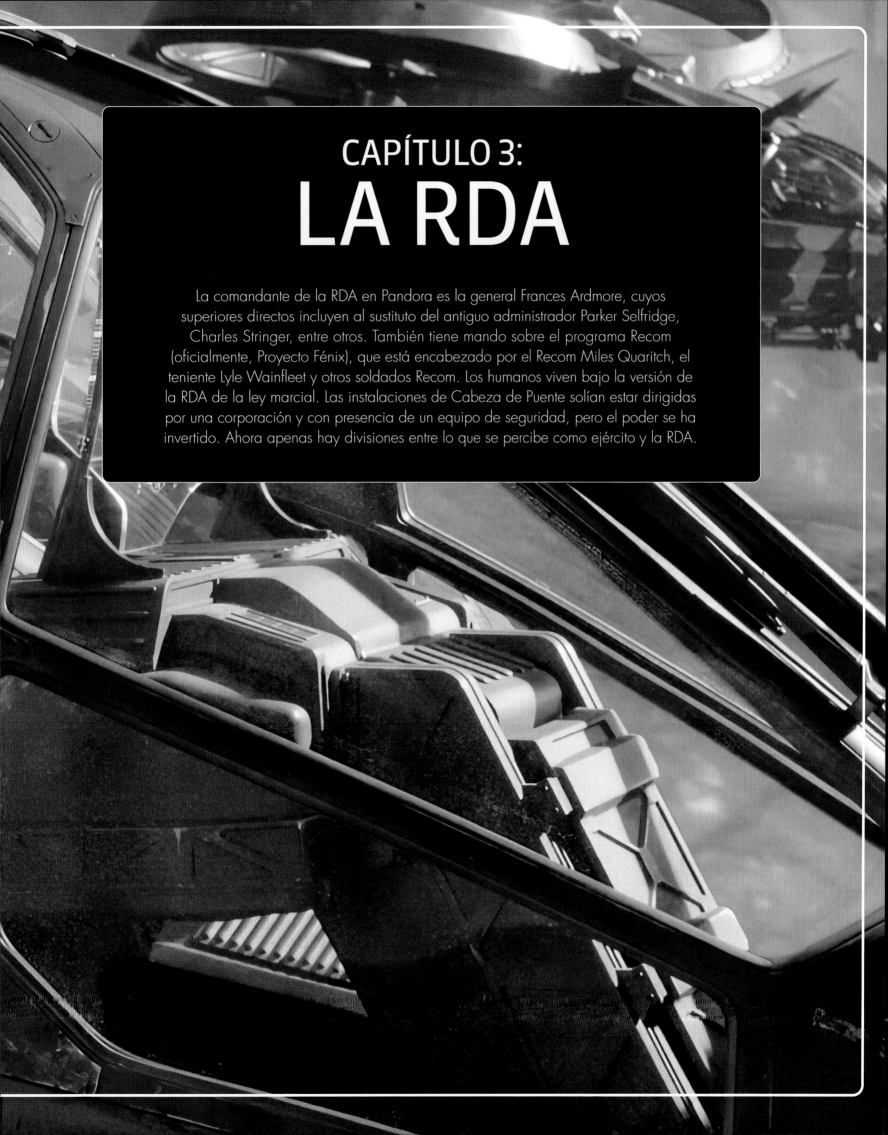

CAPÍTULO 3:
LA RDA

La comandante de la RDA en Pandora es la general Frances Ardmore, cuyos superiores directos incluyen al sustituto del antiguo administrador Parker Selfridge, Charles Stringer, entre otros. También tiene mando sobre el programa Recom (oficialmente, Proyecto Fénix), que está encabezado por el Recom Miles Quaritch, el teniente Lyle Wainfleet y otros soldados Recom. Los humanos viven bajo la versión de la RDA de la ley marcial. Las instalaciones de Cabeza de Puente solían estar dirigidas por una corporación y con presencia de un equipo de seguridad, pero el poder se ha invertido. Ahora apenas hay divisiones entre lo que se percibe como ejército y la RDA.

MÓDULO DE ATERRIZAJE

EL REGRESO DE LA RDA A PANDORA es más acelerado que los lentos pero

constantes desarrollos que llevaron a la operación Puerta del Infierno. Ante la perspectiva de inmediatas interferencias hostiles, la RDA necesita un modo de establecer en muy poco tiempo nuevas bases fortificadas de operaciones. La solución propuesta por los ingenieros son los módulos de aterrizaje. Estas resistentes naves están diseñadas para transportar cargas mucho más pesadas de lo que sería posible con lanzaderas. Los módulos de aterrizaje pueden transportar todo el equipo necesario para despejar terreno, y construir y mantener perímetros defensivos. Portados hasta Pandora por una formidable flota de vehículos interestelares (ISV) especialmente equipados, se los deja caer mediante aterrizaje por grúa aérea desde las naves mismas: dominio instantáneo sobre el terreno, sin necesidad de aterrizaje de lanzaderas.

Altura equivalente a la de un edificio de 40 plantas

FLOTA INVASORA
La flota que la RDA envía para recuperar Pandora consiste sobre todo de ISV con módulos de aterrizaje. Este medio de desembarcar personal y material pesado es más rápido y eficaz que emplear lanzaderas TAV (vehículos transatmosféricos).

GRÚA AÉREA

Cada módulo de aterrizaje se puede llenar con cargamentos distintos y personalizados. Los de primera oleada suelen contener bulldozers y tuneladoras para despejar y nivelar las zonas de aterrizaje. También se descarga una gama de unidades militares para proteger el trabajo de construcción. Subsiguientes cargas llevan sistemas arquitectónicos modulares y muros defensivos temporales, así como equipo para construcción, extracción de materiales y fabricación por impresión 3D. La mayor parte de los módulos de aterrizaje llevan personal humano alojado en criocápsulas, vigiladas durante el trayecto por un pequeño equipo médico.

Durante su largo viaje espacial, un escudo térmico reflectante con microescapes gestiona la carga de la grúa aérea, y en el descenso protege la radiación del motor

ARCHIVO

> Tras tanto tiempo junto a maquinaria pesada y combustible, parte del personal de la grúa aérea despierta del criosueño con el «aliento de dormilón».

> Se pone mucho énfasis en el eficaz empacado de máquinas y materiales en cada grúa aérea, que funciona como una máquina de golosinas gigante.

TREN DE ATERRIZAJE
Enormes pilones amortiguadores con pies adaptables soportan el aterrizaje seguro del módulo.

FICHA

FABRICANTE DF

MODELO Módulo de aterrizaje

FILIACIÓN CON-DEV/RDA

ALTURA 176 m

VELOCIDAD MÁX. Transportado en ISV

TRIPULACIÓN Hasta 300

ARMAMENTO Dos torretas XW460 Typhon; cañones automáticos de 40 mm; misiles AG-MFM

VEHÍCULOS DE CONSTRUCCIÓN
Listos para su despliegue, un ejército de vehículos militares de construcción se guarda en armazones hidráulicos.

DESPLIEGUE DE TROPAS
Plataformas de movilidad amplificada y soldados se despliegan para asegurar el área de aterrizaje.

FUERZA DE INVASIÓN

LAS FUERZAS DE LA RDA, al mando de la general Ardmore, llegan en el ISV *Manifest Destiny*. Junto a otras nueve naves, el *Manifest Destiny* procede de un planeta Tierra moribundo para establecer en Pandora un nuevo hogar para la humanidad. Pero Jake Sully y los na'vi se niegan a entregar su luna sin pelea. Librando batallas tanto desde la órbita espacial baja como en la jungla de los omatikaya, Ardmore y su equipo persiguen y dan caza a Jake y a su familia. Las fuerzas de Jake han destruido parcialmente Puerta del Infierno, de modo que la base no tiene importancia estratégica para Ardmore, que comienza a preparar la construcción de Ciudad Cabeza de Puente.

SORPRESA Y PAVOR
Para los na'vi, la destrucción masiva de flora y fauna es una visión terrible.

El escudo térmico protege al módulo de las llamas de su motor

Los módulos de aterrizaje por grúa aérea están equipados con luces de aterrizaje y pesadas patas articuladas. Resultan un cruce entre nave espacial, edificio de oficinas y plataforma petrolífera.

El módulo debe proteger contra las condiciones del planeta y el vacío espacial

Una gran rampa descarga plataformas de movilidad amplificada, soldados y equipo pesado en grandes cantidades

ARCHIVO

> La invasión de Pandora por la Fuerza Expedicionaria de Ardmore fue aprobada por el máximo nivel gubernamental en la Tierra, y se ha convencido al público mediante una gran campaña de desinformación.

> Jake no se imagina cuán cerca está la Tierra del colapso total. Sus modelos se basan en el inobtanio, y no cuentan con la urgente necesidad del compuesto amrita ni con la necesidad de la Tierra de ganar para sobrevivir.

PROTOTIPO DEL MÓDULO DE ATERRIZAJE

PÉNDULO

Un vehículo interestelar (ISV) queda suspendido en el cielo gracias a sus motores de antimateria de 1,5G, mientras una enorme grúa de kilómetros de cable hace descender el módulo a la superficie.

Para las fuerzas de la RDA la prioridad es un perímetro defensivo. Envían de inmediato bulldozers para limpiar todo residuo que pueda ofrecer cobertura al enemigo. Esto prepara no solo el lugar de construcción de Cabeza de Puente, sino también la zona de seguridad, que se mantendrá para defender la ciudad. Las tropas desplegadas en el infernal paisaje llevan trajes parecidos a los usados por los vulcanólogos.

MAPA SATELITAL DE
CABEZA DE PUENTE

CON EL TAMAÑO Y COMPOSICIÓN APROXIMADOS de Long Beach (California), la instalación insignia de la RDA no es solo una base: es una ciudad. Cabeza de Puente es mucho más grande que la antigua Puerta del Infierno, y constituye una auténtica avanzadilla para la colonización total de Pandora por los humanos. Este «boom del ladrillo» está siendo posible gracias a numerosas subcontratas, todas ansiosas de un jugoso contrato. Supervisando esta colmena de caótica construcción está la CON-DEV/RDA, una nueva entidad administrativa que coordina el proceso de desarrollo de terrenos en Cabeza de Puente y otras instalaciones. Llamada por algunos la última esperanza de una Tierra moribunda, Cabeza de Puente encarna el lema de la RDA: «Construir el futuro».

FICHA

DIÁMETRO DEL NÚCLEO URBANO	9,6 km
DIÁMETRO DE LA ZONA DEFENSIVA	16 km
ANCHURA DE LA ZONA DEFENSIVA	3,2 km
POBLACIÓN ESPERADA	2 millones (una vez acabada)
ACCESOS	3 puertas terrestres; 2 puertas marinas; 1 puerta fluvial

CIUDAD DE MIL GRÚAS

Cabeza de Puente estará en construcción durante varios años, pero gracias al sistema de aterrizaje por grúa, la producción de materiales empieza el día uno. Todos los materiales de construcción, como el acero y el hormigón, se extraen de Pandora, de modo que conseguir poner en funcionamiento minas de metales, canteras y cementeras es de máxima prioridad para levantar el gigante de cemento.

ARCHIVO

> Cabeza de Puente tiene casi 30,5 km de muralla defensiva.

> El perímetro incorpora una increíble potencia de fuego, incluida una variedad de sistemas de armas y misiles, algunos de ellos instalados en enormes pilones de hormigón.

ZONA DEFENSIVA

Cabeza de Puente debe protegerse de los guerreros de Jake y de otros na'vi, así como de la fauna salvaje. Para ello existe la zona defensiva, una franja de tierra baldía de 3,2 km de ancho entre la muralla de la ciudad y el límite natural de los árboles. Rociada con regularidad con herbicidas y defendida con armas automatizadas, la franja de la muerte, en lo que fue antes un bosque, mantiene a distancia a Eywa y su vasta red de sensores y colmillos en la fauna y flora de Pandora.

Zona defensiva

Muro defensivo terrestre

Puerta terrestre oeste

Muro defensivo terrestre

Zona defensiva

Puerta fluvial

Puerta terrestre norte

Zona defensiva

Zona industrial del norte

Compuerta de presa

Puerta oceánica norte

Periferia industrial

Puerto industrial

Núcleo industrial

Espigón defensivo

Aeródromo

Zona industrial sur

Puerto

Periferia industrial

Zona administrativa

Zona residencial

Futuro emplazamiento de zona corporativa

Puerta terrestre sur

Espigón defensivo

Puerta oceánica sur

Zona defensiva oceánica

CENTRO DE OPERACIONES DE CABEZA DE PUENTE

FICHA

NOMBRE Centro de Operaciones de Cabeza de Puente

PERSONAL CIVIL Unos 180

PERSONAL DE SECOPS Unos 120

HOLOGRAFÍA 1 holoproyector; 2 sist. de conferencias

PANTALLAS 4 tipos principales, pseudocristal holográfico

RED DE DATOS TRONCAL Triton 7 VOS

FUENTES DE DATOS Cámaras y telemetría de vehículos; VVD (datos visuales volumétricos) cotejados; archivos

LA MÁS FRENÉTICA ACTIVIDAD HUMANA de Cabeza de Puente se encuentra en el enorme Centro de Operaciones de alta tecnología, donde civiles y militares coordinan mano a mano los esfuerzos de la RDA en Pandora. De minería a construcción acelerada, pasando por las funciones de defensa y escolta de SecOps, todo se planea y controla aquí, en un centro de comunicaciones del tamaño de una terminal de aeropuerto lleno de complejas pantallas. El hangar general de SecOps, de funciones militares, es un inmenso espacio repleto de equipamiento empleado para mantener y equipar la enorme flota de vehículos militares de Cabeza de Puente. En el más refinado campus de SciOps, el laboratorio neurológico exhibe los más avanzados escáneres neurales y sistemas de estímulos que los científicos de la RDA hayan usado jamás.

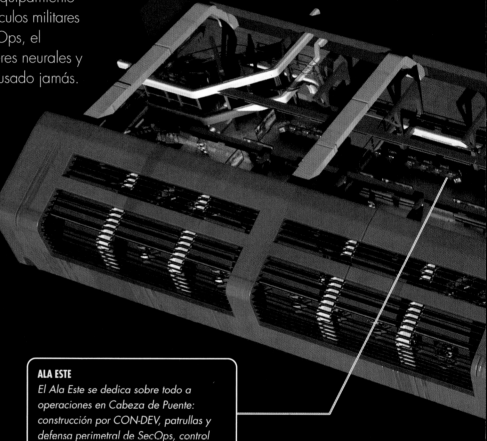

Bajo un suelo de cristal se ha dispuesto un armazón de holoproyectores para crear un holoproyector gigante. Cuando las personas atraviesan la imagen, se produce cierta distorsión, pero la redundancia de emisores minimiza los errores visuales. Un grupo de cámaras y sensores en el techo registra los movimientos de los usuarios del holoproyector y permite la interacción con bases de datos e interfaz. Las tabletas de datos y dispositivos holográficos «hablan» con el holoproyector de suelo, intercambiando información con holopantallas flotantes.

ALA ESTE
El Ala Este se dedica sobre todo a operaciones en Cabeza de Puente: construcción por CON-DEV, patrullas y defensa perimetral de SecOps, control de tráfico aéreo y logística de material.

HANGAR DE SECOPS
Armaduras AMP, exochasis, vehículos de asalto, Avispas de Mar o Cernícalos..., si camina, rueda o vuela para SecOps, se mantiene, repara y, en algunos casos, se aparca en el hangar general. Técnicos armamentísticos trabajan duro para mantener operativos sistemas de armas y misiles en el entorno tropical de la luna, y los ingenieros realizan reparaciones en vehículos dañados en choques con fuerzas pandoranas.

CENTRO DE MANDO

La zona de mando principal de este centro nervioso de la RDA es el holoproyector de suelo y consolas adyacentes. Aquí, técnicos especializados disponen datos de todo el despliegue de la RDA –vídeos en tiempo real, mapas, tráfico de vehículos por GPS o escaneos en 3D del entorno– para ofrecer una idea general situacional a altos mandos como la general Ardmore. Con toda la información necesaria ante ellos, quienes dirigen complejas operaciones o acontecimientos pueden ver sus opciones y tomar decisiones.

LABORATORIO NEUROLÓGICO

La joya central de esta sala médica de alta tecnología es el escáner DPF NeuroSect E7.2T. Los datos neurológicos se recogen y envían en tiempo real a una holopantalla, y luego son analizados en un ordenador especializado.

ALA SUR

El ala sur está dedicada a operaciones en el exterior: minas, conducciones, material para el tren magnético y vehículos pesados a control remoto.

CENTRO DE OPERACIONES

Con 9 m de longitud, el holoproyector de suelo proporciona un entorno inmersivo de datos

HOLOPROYECTOR DEL CENTRO DE OPERACIONES

Con un holoproyector de 76 cm de longitud, 61 cm de ancho y 46 cm de altura, el Centro de Operaciones de Cabeza de Puente es capaz de asumir revisiones colaborativas de datos operativos y tácticos de un modo totalmente inmersivo. Personal civil y militar puede profundizar en toda la complejidad de sus datos y manipularlos en tiempo real para facilitar al mando una toma de decisiones rápida y eficaz.

ARCHIVO

> Otros espacios de Cabeza de Puente incluyen laboratorios adicionales, zonas de fabricación y torres y hangares para dirigir y mantener material oceánico.

> Los laboratorios están dispuestos en un campus propio de SciOps, con estricta seguridad para proteger el delicado y secreto trabajo que se realiza allí.

PROYECCIÓN CEREBRAL DEL LABORATORIO NEUROLÓGICO

La capacidad de la RDA para detectar y manipular estados neurales en un cerebro se implementó en el Programa ATVR, pero el laboratorio neurológico de Cabeza de Puente es algo superior. Con un escáner NeuroSect de última generación, capaz de extraer recuerdos de un sujeto en tiempo real, muestra también los estados cerebrales como nunca antes gracias a un holoproyector de suelo.

IMPRESIÓN 3D
EN EL ASTILLERO

EXPLOTAR Y COLONIZAR PANDORA exige una colosal cantidad de material y equipo, la mayor parte del cual no puede enviarse al nuevo mundo en un ISV. Transportar materiales pesados requiere acelerarlos al 70 por ciento de la velocidad de la luz (y decelerarlos luego), de modo que siempre que es posible se recogen y construyen en el planeta. La clave para una estrategia ágil y eficaz es fabricar con rapidez, algo que permite, sobre todo, la impresión 3D. Con metales y petroquímicos extraídos de Pandora, las impresoras 3D pueden producir enormes cantidades de componentes para vehículos, armas, robots, equipos de datos e incluso edificios, que después pasan a veloces líneas de ensamblaje altamente automatizadas. Con una intervención humana mínima, estas fábricas producen un auténtico arsenal de objetos para ayudar a reconquistar la luna de Polifemo.

Impresoras basculantes de alta velocidad cuentan con múltiples cabezales que coordinar

Las partes más delicadas requieren motores precisos y calibración constante

El cabezal recibe metal en polvo desde líneas presurizadas

El metal recién impreso está al blanco vivo, pero se enfría con rapidez para recibir una capa nueva

La fabricación avanzada abarca desde diminutos componentes para ordenadores cuánticos hasta enormes vehículos como el Dragón Marino, exhibido aquí. Si bien los componentes más pequeños pueden construirse casi por entero en impresoras 3D del tamaño de una cama, los vehículos más grandes se hacen por franjas, que se unen mediante grúas y enjambres de soldadores robóticos. Una interfaz holográfica muestra a los técnicos el progreso de cada franja de impresión y de los componentes.

CONSTRUIR CON LUZ

Los componentes metálicos se crean con láseres magnetizados en sistemas de revestimiento por láser (DLD). En este proceso, el cabezal de la impresora funde polvo metálico y lo deposita como metal líquido en la construcción. Capas sucesivas de metal, enfriándose, se unen hasta formar una pieza metálica sólida. Los componentes que requieren una precisión absoluta pueden trabajarse luego, pero en la mayoría de los casos la impresión en 3D puede usarse directamente. También se usan impresoras 3D para crear plásticos, compuestos e incluso complejas piezas electrónicas.

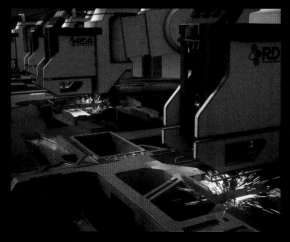

ARCHIVO

> Para minimizar ensamblaje, algunas piezas se imprimen en 3D a la vez, mediante múltiples cabezales a fin de entrecruzar materiales muy diferentes.

> No todo el equipo de la RDA se puede imprimir en Pandora. Sofisticadas piezas de electrónica cuántica y componentes microscópicos proceden de la Tierra.

> Aunque la fabricación se automatiza tanto como es posible, se requiere ayuda humana para tratar con los inevitables problemas que surjan.

▶ La mayor impresora de Cabeza de Puente (arriba) posee el colosal volumen de impresión de 67 m de longitud, 29 m de ancho y 14 m de alto.

CONSTRUCCIÓN

LA CONSTRUCCIÓN DE CABEZA DE PUENTE y sus bases de apoyo es lo más grande que la RDA ha intentado jamás en Pandora. Lograrlo exige enfrentarse de cero a los desafíos logísticos, y lo que surge son técnicas de construcción innovadoras, así como la necesidad de apoyarse mucho en la automatización a todas las escalas. El proceso, que es supervisado por la división CON-DEV (desarrollo unificado) de la RDA, es altamente robotizado y algorítmico, y todos los vehículos que utiliza están operados a control remoto por humanos. Desde la extracción robótica de materias primas al proceso de fabricación de alta tecnología, y de ahí al ensamblaje en enjambre de enormes estructuras, el nuevo estilo de construcción de la RDA es productivo y muy organizado.

Estructura modular temporal, hinchable.

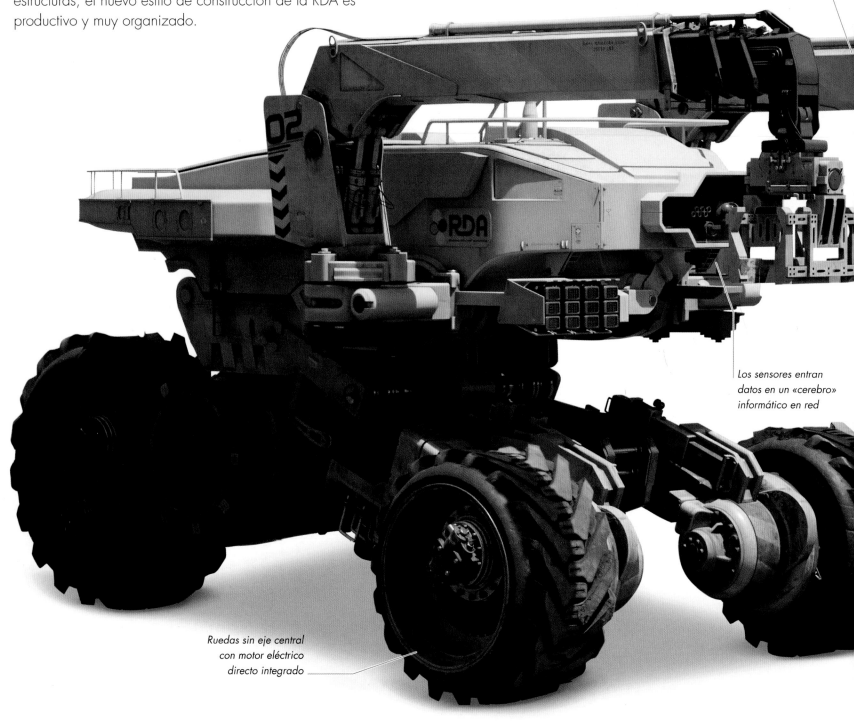

Los brazos telescópicos de las grúas ofrecen un gran alcance para grandes áreas

Los sensores entran datos en un «cerebro» informático en red

Ruedas sin eje central con motor eléctrico directo integrado

CIUDAD FRONTERIZA

En contraste con el clima húmedo y exuberante de Pandora, Cabeza de Puente es un paisaje polvoriento. Como muchas ciudades fronterizas anteriores, su desarrollo atiende al espíritu de gente decidida a afrontar una vida nueva y difícil muy lejos de su hogar.

Los manipuladores pueden recoger materiales o convertirse en ganchos de grúa con cable

Barras protectoras de las bolsas de gas

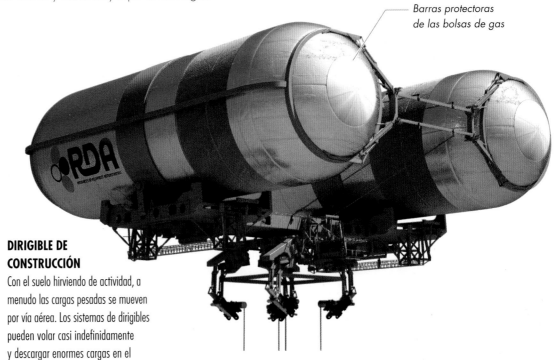

FICHA

FABRICANTE Equipos Pesados FDM	
MODELO MC-RA 220	
FILIACIÓN CON-DEV/RDA	
TAMAÑO 99 m	
VELOCIDAD MÁX. 108 km/h	
TRIPULACIÓN 1 piloto remoto (o totalmente automatizado)	

DIRIGIBLE DE CONSTRUCCIÓN

Con el suelo hirviendo de actividad, a menudo las cargas pesadas se mueven por vía aérea. Los sistemas de dirigibles pueden volar casi indefinidamente y descargar enormes cargas en el lugar adecuado.

MÁQUINAS DE CONSTRUCCIÓN

La construcción de Cabeza de Puente requiere una gama de vehículos y tecnologías. Mientras los humanos dirigen vehículos de superficie, grandes dirigibles de carga y esbeltas grúas robotizadas se alzan sobre enjambres de ensambladores y grandes armaduras AMP amarillas. Cientos de grúas acumulan estructuras prefabricadas y enormes plantas energéticas y de procesado, en tanto que una red de línea de ferrocarril magnético entrega materiales y robots exactamente donde se necesitan. Para obtener edificios operativos y un alojamiento rápido, es crucial la impresión 3D de arquitectura en hormigón y de sus componentes, así como el uso de edificios ligeros, hinchables, de tipo modular.

Edificios de hormigón y componentes están impresos en 3D.

ENSAMBLADORES

LA ÚLTIMA GENERACIÓN DE ENSAMBLADORES en enjambre de la CON-DEV/RDA encarna su estrategia de construcción «triple R»: rápidos, rentables y robóticos. Los ingenieros de la RDA diseñaron estas máquinas en varios tamaños y con distintas herramientas para toda una gama de tareas, lo que posibilita casi cualquier tipo de construcción con una mínima mano de obra humana. Esto resulta crucial para la expansión de la RDA, dado que enviar gente a Pandora en naves estelares es un proceso lento e increíblemente caro. Los robots de construcción pueden fabricarse en el planeta en cantidades casi ilimitadas, con materias primas del lugar para las impresoras 3D. Cada ensamblador posee su propio conjunto de cámaras y sensores, pero como grupo operan como un enjambre inteligente y coordinado dirigido por sofisticados algoritmos superpuestos.

Puntos modulares de unión para intercambios rápidos de herramientas

Dentro del duro caparazón, ventiladores ocultos enfrían las baterías

Cámaras y otros sensores mantienen al robot alerta ante su entorno dinámico y sus compañeros

CUADRABOT PLEGADO PARA ALMACENAMIENTO Y RECARGA

Diferentes herramientas en diferentes extremos permiten al robot ser multitarea

HEXABOT LIGERO

Este miniensamblador une una potente funcionalidad con un pequeño tamaño. El hexabot ligero rara vez carga componentes; en realidad realiza acabados a gran velocidad. Se centra en soldar, lijar, remachar e incluso pintar, y lo que le falta en tamaño lo suple con eficacia. Su agilidad y un acceso de alta prioridad al protocolo de control del enjambre evitan que los robots grandes pisoteen a este pequeño.

HEXABOT PESADO

El hexabot pesado, auténtico caballo de carga de la flota constructora, es un ensamblador en enjambre multitarea del tamaño de un perro grande. Capaz de transportar material de tamaño moderado y de realizar casi todas las funciones de soldado y asegurado, funciona tan bien sobre el terreno como en altas estructuras. Garras insectoides y dispositivos de succión le permiten trabajar en cualquier superficie, incluso vertical.

Extremidades preparadas para funcionar con barro y condiciones extremas

Armazón con succión para sujetar grandes planchas

Una plataforma adaptable sujeta materiales de construcción en cualquier ángulo de trabajo

Las pinzas multiusos pueden alzar materiales pesados con sorprendente destreza

ROBOT AUXILIAR DE CONSTRUCCIÓN

La mula mantiene al equipo nutrido de materiales y componentes: tuberías, empalmes, puntales y paneles, componentes utilitarios y remaches para mantenerlo todo en su sitio. Una obra suele demandar varias mulas, cada una de ellas rodeada de varios ensambladores necesitados de los componentes requeridos para completar sus tareas.

Las puntas de los dedos poseen sensores de fuerza y mecanismos sencillos para un fácil mantenimiento

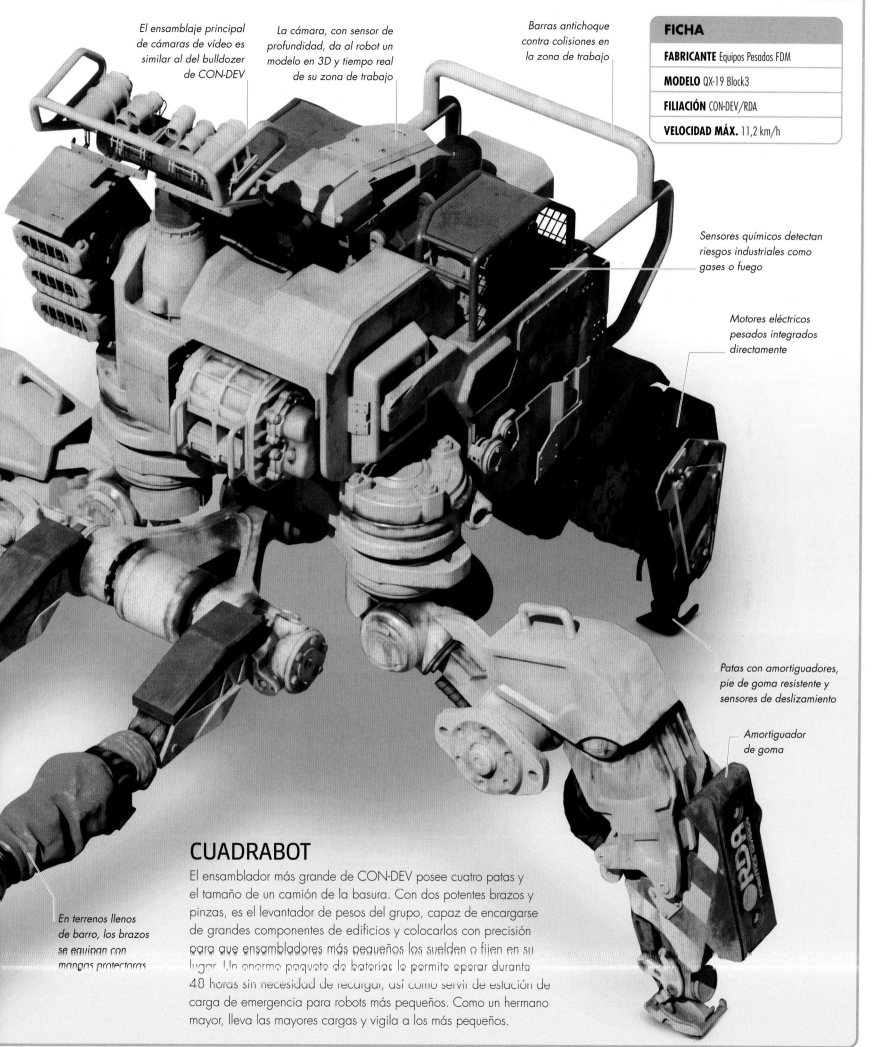

El ensamblaje principal de cámaras de vídeo es similar al del bulldozer de CON-DEV

La cámara, con sensor de profundidad, da al robot un modelo en 3D y tiempo real de su zona de trabajo

Barras antichoque contra colisiones en la zona de trabajo

FICHA

FABRICANTE Equipos Pesados FDM

MODELO QX-19 Block3

FILIACIÓN CON-DEV/RDA

VELOCIDAD MÁX. 11,2 km/h

Sensores químicos detectan riesgos industriales como gases o fuego

Motores eléctricos pesados integrados directamente

Patas con amortiguadores, pie de goma resistente y sensores de deslizamiento

Amortiguador de goma

En terrenos llenos de barro, los brazos se equipan con mangas protectoras

CUADRABOT

El ensamblador más grande de CON-DEV posee cuatro patas y el tamaño de un camión de la basura. Con dos potentes brazos y pinzas, es el levantador de pesos del grupo, capaz de encargarse de grandes componentes de edificios y colocarlos con precisión para que ensambladores más pequeños los suelden o fijen en su lugar. Un enorme paquete de baterías le permite operar durante 48 horas sin necesidad de recargar, así como servir de estación de carga de emergencia para robots más pequeños. Como un hermano mayor, lleva las mayores cargas y vigila a los más pequeños.

EXOCHASIS

EN UN NICHO INTERMEDIO entre el ser humano y la armadura AMP, el exochasis se desarrolló con capacidades amplificadoras multipropósito para aplicaciones industriales y militares. Debido a su fabricación ligera, la excelente visibilidad del conductor y una programación anticolisión automatizada, en un entorno laboral, un exochasis puede funcionar con seguridad alrededor del personal humano. A diferencia de la enorme armadura AMP, el moderado tamaño del exochasis implica que puede usar esclusas y pasillos construidos para humanos. En un contexto de combate, un exochasis convierte a un humano en algo tan alto, fuerte y rápido como un na'vi, y con un arsenal de armas de asalto de gran calibre e incluso un lanzallamas. A bordo de un Dragón Marino, en el ambiente de los marines, un exochasis puede ocuparse de cargas pesadas, cadenas y otros equipos pesados como parte del mantenimiento o de la caza del *tulkun*.

Un exoesqueleto robótico capaz de tareas pesadas con mínimo esfuerzo del conductor

Y70 bullpup con mira telemétrica y lanzagranadas inferior incorporado

EXOARMAMENTO

Dado lo complejo de poner personal de combate humano en Pandora, debe otorgarse el máximo poder de lucha a cada soldado del campo de batalla. El FA (fusil de asalto) y su hermana de cañón más corto, la ametralladora bullpup, ofrecen a cada exochasis la potencia de fuego de una clásica ametralladora Browning, dándole ventaja contra los na'vi y las criaturas de más densa piel de Pandora. Los exochasis pueden ir equipados también con lanzallamas para despejar vegetación... o para quemar casas y forzar a obedecer a los pueblos indígenas.

Mira telemétrica

FA-M69 SKEL

El FA-M69 Skel emplea munición de calibre .50 BAT, que posee un poder de destrucción muy superior al de las armas humanas equivalentes.

La sensación de resistencia se transmite de los sensores de los pies a los estribos

ARCHIVO

> Como las miras clásicas no se pueden usar con un exochasis, se usa un sistema de telemetría que enlaza sensores en el arma con un visor en el casco.

> Aunque la mayoría de los enfrentamientos con exochasis se dan a alcance de arma de fuego, algunos soldados entrenan artes marciales robóticas.

> Los conductores de exochasis más hábiles pueden hacer cualquier cosa con las manos de la máquina, desde precisos trabajo mecánico a sostener una taza.

FICHA

FABRICANTE Ukii

MODELO Plataforma de Movilidad Ligera EXO-32

FILIACIÓN Todas las divisiones de la RDA

ALTURA 2,9 m

VELOCIDAD MÁX. 32 km/h

ARMAMENTO Exofusil de asalto y ametralladora bullpup; lanzallamas; cinta de munición

Servomotor de hombro

Lanzallamas

Uso intensivo de fibra de carbono de alta resistencia para reducir peso

Pies semiprensiles pueden aferrarse al terreno y las raíces para carreras agresivas

Como en el caso de las AMP, el control de brazo tipo «waldo» se puede conectar y desconectar

Culata plegable

Estructuras internas de acero inoxidable de clase quirúrgica

EXOCHASIS MARINO

Exochasis marino listo para ser usado en el Dragón Marino o en los muelles de Cabeza de Puente. ¿Puede nadar un exochasis? Los conductores se esfuerzan por no averiguarlo.

LANZALLAMAS DE EXOCHASIS

La serie FT-M3A1 es el resultado de años de desarrollo. Basado en los antiguos Bushboss FD-3, el FT-M3A1 ofrece mejoras en capacidad, alcance y movilidad. El lanzallamas está conectado mediante una manga a un sistema de tanques de combustible y propelente.

Sin conductor, un exochasis resulta escueto

EXOCHASIS SIN CONDUCTOR

GENERAL FRANCES ARDMORE

LA GENERAL FRANCES ARDMORE es la nueva comandante de la Fuerza Expedicionaria de la RDA. Operando como comandante y líder de seguridad sobre el terreno, su prioridad es la de la RDA/SecOps: recuperar Pandora para que sea el nuevo hogar de la humanidad. Ardmore es exactamente el tipo de oficial que necesita la RDA para esta empresa de amplio alcance. Es una estratega política brillante y educada, y su conducta comunica inteligencia y agilidad mental. No solo es muy capaz en combate, sino también una genial pensadora y planificadora.

GENERAL DE CUATRO ESTRELLAS

COMANDANTE CONDECORADA

Si bien el coronel Quaritch tuvo interferencias corporativas, nada se opone a la general Ardmore. En su vida, ha librado y ganado muchas guerras.

SECOPS

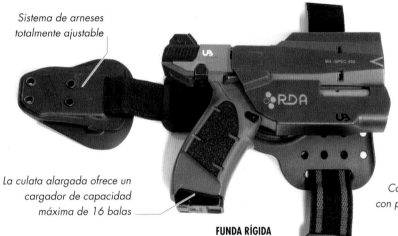

Sistema de arneses totalmente ajustable

La culata alargada ofrece un cargador de capacidad máxima de 16 balas

FUNDA RÍGIDA

SECOPS DE CABEZA DE PUENTE

Gorra de trabajo estándar con insignia de oficial

Camuflaje de última generación con patrones naturales de Pandora

MANO DE HIERRO

El estilo de Ardmore es diferente del de su predecesor, el coronel Miles Quaritch. Allí donde Quaritch era obsesivo y maniático, Ardmore se muestra distante y fría. Carece de emociones, como una máquina, y señala que está al mando sin ser físicamente imponente. Su tipo de mando es más tranquilo, y el modo en que se comportan quienes la rodean la define de igual modo. Ardmore es una visionaria implacable y sus órdenes son sencillas: establecer Cabeza de Puente como la fortaleza desde la que la RDA recupere la luna. En tiempos desesperados, Ardmore está dispuesta a hacer lo que sea necesario.

Luz táctica multifuncional: láser y telemetría

PISTOLA Z-33

Para su nueva misión, la RDA ha adoptado la pistola United Ballistics Zarkov-33 calibre .40 como arma de mano estándar para tropas de SecOps y CetOps.

FICHA	
SUJETO	General Frances Ardmore
ESPECIE	Humana
ESTATUS	Comandante de la Fuerza Expedicionaria
ALTURA	1,65 m
EDAD	53 años

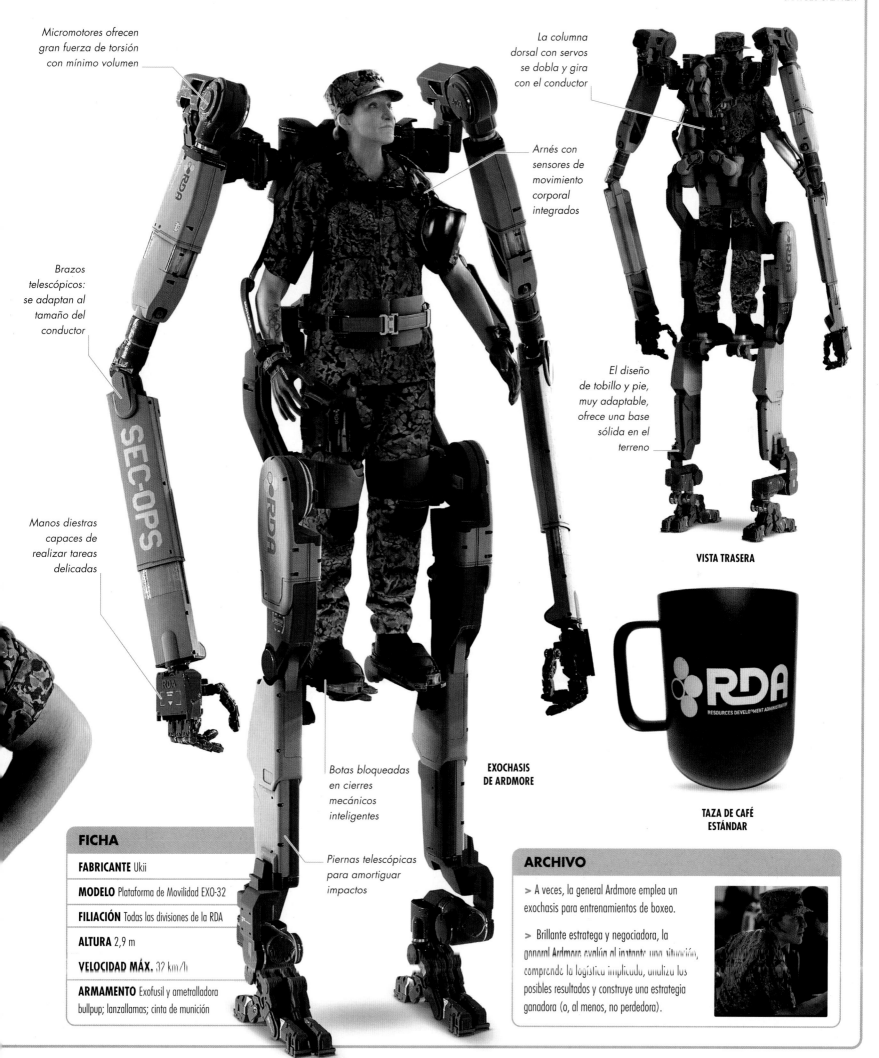

Micromotores ofrecen gran fuerza de torsión con mínimo volumen

Brazos telescópicos: se adaptan al tamaño del conductor

Manos diestras capaces de realizar tareas delicadas

La columna dorsal con servos se dobla y gira con el conductor

Arnés con sensores de movimiento corporal integrados

El diseño de tobillo y pie, muy adaptable, ofrece una base sólida en el terreno

VISTA TRASERA

Botas bloqueadas en cierres mecánicos inteligentes

EXOCHASIS DE ARDMORE

TAZA DE CAFÉ ESTÁNDAR

Piernas telescópicas para amortiguar impactos

FICHA

FABRICANTE Ukii

MODELO Plataforma de Movilidad EXO-32

FILIACIÓN Todas las divisiones de la RDA

ALTURA 2,9 m

VELOCIDAD MÁX. 32 km/h

ARMAMENTO Exofusil y ametralladora bullpup; lanzallamas; cinta de munición

ARCHIVO

> A veces, la general Ardmore emplea un exochasis para entrenamientos de boxeo.

> Brillante estratega y negociadora, la general Ardmore evalúa al instante una situación, comprende la logística implicada, analiza los posibles resultados y construye una estrategia ganadora (o, al menos, no perdedora).

CAPITÁN MICK SCORESBY

MICK SCORESBY es un experimentado y duro cazador marino. Ha llegado a Pandora con la primera nueva oleada de humanos, como la general Ardmore. La RDA lo ha contratado y puesto al mando de una recién fabricada flota de barcos, incluidos los Dragón Marino. Su misión es cazar y cosechar tantos *tulkun* como sea posible. A Scoresby le encanta volver a la carga, porque la caza de criaturas marinas es una práctica ya extinguida en el planeta Tierra.

Atuendo de trabajo estándar

NUEVOS RECURSOS

Ahora que la RDA ha descubierto la amrita –la valiosa sustancia extraíble que contienen los *tulkun*–, la general Ardmore proporciona a Scoresby los más sofisticados vehículos para cazar, como aeronaves de búsqueda, rápidos sumergibles clase Mako, ágiles barcos Picador y Matador y sumergibles cangrejo.

Puñal: puede guardarse en una vaina en la pierna de Scoresby

Hoja afilada para destripar peces o agujerear latas de cerveza

ARMAMENTO LIGERO

La RDA está poniendo toda la carne en el asador en su caza del *tulkun*. Además de grandes barcos, Scoresby emplea armas ligeras como cuchillos, armas automáticas en monturas, arpones, localizadores y trazadores.

TRAS LA CAZA

A Scoresby no se le ocurre mejor manera de celebrar una buena caza de *tulkun* que beberse unas latas de cerveza con su tripulación.

FICHA

SUJETO	Capitán Mick Scoresby
ESPECIE	Humana
FILIACIÓN	RDA

ARCHIVO

> La nave insignia de Scoresby, desde donde controla la flota y despliega sus barcos, es su propio Dragón Marino.

> Para su proyecto de cazar a la familia Sully, Quaritch no tarda en reclutar a Scoresby con su Dragón Marino.

Botas de trekking

DOCTOR IAN GARVIN

EL BIÓLOGO MARINO DE LA RDA Ian Garvin está considerado el experto del equipo en océanos de Pandora, y en especial en los *tulkun*. Aunque preferiría no tener nada que ver con la caza de *tulkun*, la RDA lo amenaza con suspender su investigación y lo coacciona para que trabaje para ellos. A su llegada a Pandora, Garvin lideró un equipo de investigación oceanográfica ya existente. Este pequeño equipo funcionó perfectamente, y Garvin demostró ser ideal para la tarea. Sabe trabajar en un laboratorio, pero prefiere el trabajo de campo y no duda en arriesgar la vida allí donde otros temerían meterse. Es un experimentado buceador y suele sumergirse en los océanos pandoranos, llenos de terribles depredadores, para tomar muestras, fotografiar ejemplares y obtener datos.

Un escáner recoge datos del entorno y los guarda en una tarjeta de memoria

Chaleco de trabajo

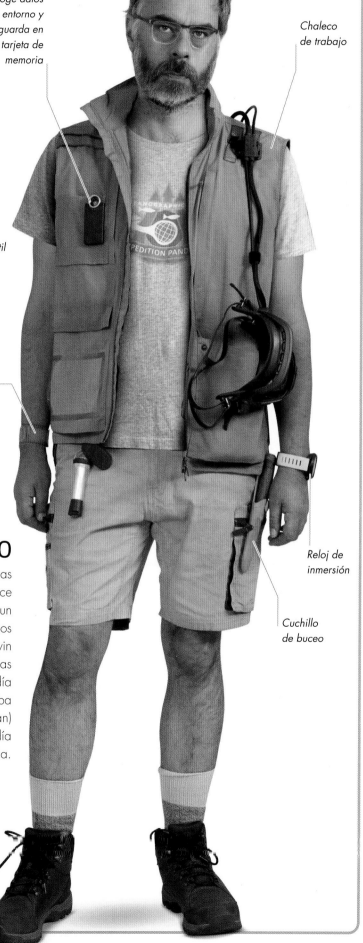

Tableta de trabajo con pantalla táctil

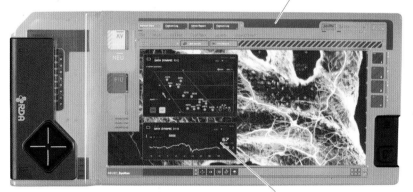

La pulsera procesa las tarjetas de memoria procedentes del escáner

DATOS ROBADOS

Con acceso al conocimiento almacenado en su tableta de datos, incluidas las balizas rastreadoras, la RDA puede hallar y cazar más *tulkun* que nunca antes.

Se puede conectar otra tableta para ampliar la zona de trabajo

INVESTIGADOR DE CAMPO

Garvin solía realizar investigaciones oceánicas tal como las que realizaba la doctora Grace Augustine en los bosques tropicales. Tenía un barco de investigación (un catamarán con dos cabinas) en el que se movía y habitaba. Garvin consiguió colocar durante un tiempo una de las cabinas en la playa. Su laboratorio móvil podía atracar junto al de tierra firme, y si necesitaba interactuar con el *olo'eyktan* (líder de clan) Tonowari, o con el Pueblo del Arrecife, podía echar el ancla en su ensenada.

Reloj de inmersión

Cuchillo de buceo

FICHA

SUJETO Ian Garvin	
ESPECIE Humana	
ESTATUS Biólogo marino	
FILIACIÓN RDA	
ALTURA 1,85 m	

ARCHIVO

> Garvin descubrió el poderoso compuesto natural llamado amrita al diseccionar el cerebro de los *tulkun*.

> Apasionado explorador oceanográfico, Garvin estudió y se enamoró de los océanos de Pandora y de la riqueza y exotismo de la vida que contienen.

TECNOLOGÍA

DE LAS ARMAS MÁS SOFISTICADAS a las más ligeras, la tecnología de la RDA está en manos del personal de la casa y de los guerrilleros de Jake Sully, a los que les encanta robar el equipo que necesitan para sus objetivos. Métodos avanzados de comunicación encriptada, así como potentes interfaces con redes de datos interconectadas permiten a la RDA funcionar con un sistema de información y control común en toda Pandora. Toda una gama de armas de nueva generación con capacidades mejoradas contra fauna hostil y enemigos indígenas otorgan seguridad al personal desplegado. Otro elemento nuevo y de importancia crucial protege al personal de la RDA cercano a la base: la insignia-transpondedor IFF (identificación amigo/enemigo), que transmite una señal que desactiva los sistemas automatizados de ametralladora y misiles de las instalaciones de la RDA. El personal de la RDA sabe que si se olvida de su IFF no vivirá mucho tiempo para lamentarlo.

Equipo de comunicaciones por radio

MALETÍN COMSAT

TABLETA DE DATOS PERSONAL

TABLETA DE DATOS ESTÁNDAR DE 2.ª GENERACIÓN

ESCÁNER BIOLÓGICO

Resistente y equipado con un escáner de mano, el CR-4 es un potente sistema capaz de salvar vidas en operaciones lejanas. Max Patel guarda el suyo en el biolaboratorio de campamento avanzado.

SISTEMA DE DIAGNÓSTICO CR-4

DATOS, DATOS, DATOS

Tabletas de última generación son cruciales para funcionar en el entorno rico en datos de la RDA. Estos dispositivos, de los que hay variedad de tamaños, emplean la tecnología holográfica de los grandes ordenadores de la RDA.

¡NO DISPARE!

Con todo el armamento automatizado que defiende los activos de la RDA, es crucial que los soldados y vehículos lleven un transpondedor IFF.

DARDOS TRANQUILIZANTES

TRANSPONDEDOR IFF

ARMA TRANQUILIZANTE V6

RESISTENTE TABLETA DE CAMPO

Arco sensor con radar y antenas

NUEVAS ARMAS PARA UN MUNDO NUEVO

Al principio, la mayor parte del armamento de la RDA se tomaba de la Tierra. Ahora, a partir de las terribles lecciones aprendidas en la batalla de las montañas Aleluya, los ingenieros han creado una nueva generación de defensas contra Pandora.

CARGADOR FA RECOM

PUÑAL DE COMBATE K-BAR MK3

PISTOLA ESTÁNDAR Z-33

MUNICIÓN GUIADA AM6-75L «FLECHA DE FUEGO»

Munición especializada para usar contra diferentes objetivos

DEFENSA AÉREA

Diseñado como defensa antiaérea, este sistema de misiles se ha adaptado a Pandora para ser usado contra señales térmicas biológicas. Cuando los rebeldes de Jake los capturan, los lanzamisiles funcionan muy bien en su papel antiaéreo original.

**LANZAMISILES MANPAD
(DEFENSA AÉREA PORTÁTIL) TOXON-81**

CAPÍTULO 4:
EL PROGRAMA RECOM

Los Recom (o recombinantes) son guerreros de un nuevo híbrido transgénico de humano y na'vi creado por la RDA. Clasificado alto secreto como Proyecto Fénix, el programa Recom se aceleró inmediatamente después de la derrota de la RDA en 2154 como parte de una fuerza de invasión y contraofensiva. Los Recom se crean de modo idéntico a los cuerpos de avatares, pero a diferencia de estos últimos no necesitan un conductor humano que los opere desde un lugar alejado. Los recuerdos de soldados fallecidos de SecOps/ RDA se inscriben directamente en la conciencia de los recombinantes, de modo que estos guerreros híbridos no necesitan un enlace psiónico entre lo humano y el cuerpo híbrido.

CORONEL QUARITCH

CON 2,9 METROS DE ALTURA, Quaritch, un soldado recombinante, es biológicamente joven: apenas un poco más «viejo» que el avatar de Jake cuando llegó a Pandora. También tiene la mente del humano Miles Quaritch, que a su muerte tenía 51 años. Esta mezcla de juventud física y veteranía mental resulta una combinación letal. A Quaritch, que ha mantenido su rango de coronel, le han explicado a fondo todo sobre su nueva existencia. Ahora, con su escuadrón de 11 soldados Recom, se prepara para su nueva misión: cazar y matar a Jake Sully, el traidor a la humanidad y líder de la insurgencia na'vi responsable de la expulsión de la RDA de Pandora.

«SÉ QUE TODOS OS ESTÁIS HACIENDO LA MISMA PREGUNTA: "¿Y ESE TONO AZUL?"»

CORONEL MILES QUARITCH

GENÉTICA AVANZADA

Tras seis años en tránsito en un tanque amniótico, en el que el uso diario de simuladores neuromusculares propioceptivos acondicionó, maduró y reforzó su cuerpo Recom, Quaritch despierta a bordo de la nave de guerra ISV *Vindicator*. Su identidad y memoria se cargaron desde un dispositivo codificador llamado Soul Drive. Como ser autónomo, un Recom como Quaritch es inherentemente más estable e independiente que un avatar, lo que supone un enorme avance en ingeniería genética.

Mira óptico-térmica

REVÓLVER DE 6 TIROS

Balas sabot hipersónicas de 12,7 mm

SOUL DRIVE
Los recuerdos del sujeto se escriben en las estructuras del cristal del Soul Drive en forma de miles de capas de nanograbados.

ARCHIVO

> Quaritch tiene una idea muy sencilla de lo que se supone que debe hacer un oficial al mando: ganar.

> El coronel cree que para ganar la lucha uno tiene que comprender a su enemigo. En su nueva forma de Recom, considera que se encuentra un poco más cerca de comprender a los na'vi.

Años después, Quaritch vuelve a la acción en los bosques de los omatikaya.

VENTAJA TÁCTICA

A diferencia de con humanos y máquinas, debido al ADN na'vi de los Recom, Eywa no los detecta como una amenaza. Por ello los Recom pueden caminar libremente sin disparar la respuesta inmune de Pandora, que es enviar animales a defender la luna. Pasar desapercibido ante Eywa ofrece a Quaritch la ventaja táctica que siempre quiso en el bosque: con sigilo de na'vi, es capaz de establecer su propia zona de caza.

FICHA	
SUJETO	Coronel Miles Quaritch
ESPECIE	Recom
FILIACIÓN	Proyecto Fénix
ALTURA	2,9 m
EDAD	20 años

Kuru («látigo neuronal») cubierto con una trenza para protegerlo

Vaina de puñal de piel

Reloj mecánico para utilizarlo en campos magnéticos

Funda de pistola

Arnés unido al cinturón, con mosquetones de escalada para cuerda de extracción

Botas tácticas

VESTIDO PARA GANAR

El aspecto de Quaritch refleja su estado mental: centrado y disciplinado. Todo el equipo que lleva tiene un propósito relativo a la ruta más lógica hacia la victoria.

Camuflaje estándar de bosque de la RDA

VISTA FRONTAL

VISTA TRASERA

CABO WAINFLEET

EL CABO LYLE WAINFLEET es el fiel ayuda de campo de Quaritch, y se le ha confiado el liderazgo de la unidad Recom. Wainfleet se ha ganado el puesto por sus diversas habilidades de combate y una devoción canina a sus compañeros de armas. Desde sus días como piloto de armaduras AMP o como artillero de un Samson, siempre ha cuidado de los compañeros a su lado. Ahora, como guerrero Recom, Wainfleet está encantado de regresar a la lucha por Pandora y, tal como lo ve, devolver el golpe.

Tatuaje de calavera con el lema «Sin miedo»

Granada de humo

VETERANO FRANCOTIRADOR

Como francotirador especializado, Wainfleet va equipado con un fusil que combina precisión de disparo y gran velocidad de salida. Aunque podría haber optado por una variante más corta para maniobrar mejor en la selva, Wainfleet prefiere atravesar cosas a rodearlas. Le encanta la potencia extra que le proporciona el cañón más largo.

PISTOLERO
Un arma nunca es suficiente. Los Recom están entrenados para manejar y cargar con muchas armas.

ARCHIVO

> Tras un tiempo en Pandora, Wainfleet y los demás soldados Recom recortan las perneras de sus pantalones y abandonan sus botas, prefiriendo ir descalzos para moverse por el bosque más rápida, profunda y silenciosamente.

> Wainfleet tiene cinco tatuajes, incluido un dragón en el antebrazo izquierdo.

ENTRENAMIENTO RECOM

Antiguamente asignado a la escolta selvática de los miembros del Programa Avatar, Wainfleet ha tenido contacto con los híbridos entre humanos y na'vi. El Recom lo ha visto todo, desde la dificultad de mantener una buena higiene del *kuru* a los problemas para moverse en instalaciones a escala humana. Lo que su antiguo yo desdeñaba y consideraba «su problema» se ha convertido en información y preparación necesarias para su vida como Recom.

FICHA

SUJETO	Cabo Lyle Wainfleet
ESPECIE	Recom
FILIACIÓN	Proyecto Fénix
ALTURA	2,8 m
EDAD	20 años

PUÑAL RECOM
El machete de Wainfleet es el estándar de los soldados Recom.

Tubo de hidratación

Luz química de alta intensidad

Cartuchera lateral

TATUAJES PERSONALIZADOS
A fin de facilitar la transición psicológica, se ha otorgado a los Recom en sus nuevos cuerpos los tatuajes que tenían como humanos.

ARMA RECOM
En una funda de su cinturón utilitario, Wainfleet lleva la pistola Recom Z-33R.

EQUIPAMIENTO RECOM

LOS RECOM VAN EQUIPADOS para cumplir su misión cueste lo que cueste, y asegurarse del avance de la RDA y de su objetivo militar: retomar Pandora y proporcionar un nuevo hogar a la humanidad. La RDA cree que todos los seres vivos de Pandora quieren expulsarla, y cada segundo de cada día los soldados Recom deben ser conscientes de ese hecho. Hay toda una gama de herramientas y artillería para facilitar su misión y ayudarles en todos los casos.

RESPIRADOR RECOM

En instalaciones humanas, el personal Recom necesita dióxido de carbono suplementario. Un sistema compacto de respiración les permite dar «sorbos» de dióxido de carbono cada un minuto o dos.

SISTEMA DE ADAPTACIÓN
ATMOSFÉRICA AAS-RO2

El lema promueve la «fuerza imparable» de la línea de combate Recom

EMBLEMA DEL EQUIPO RECOM

PLACA IDENTIFICATIVA
DE LOS RECOM

GRANADA DE
FRAGMENTACIÓN

GRANADA DE
FRAGMENTACIÓN

GRANADA DE
FRAGMENTACIÓN

ALEXANDER

ZHANG

PRAGER

WALKER

MANSK

FIKE

Dispara hasta 40 balas por minuto

Cañón largo para mayor velocidad de salida

FA-M69 RECOM

PISTOLA DE ALTA POTENCIA

La pistola Recom, como todo su armamento, está pensada para causar el máximo daño. La punta hueca hace que al impactar la bala se fragmente y envíe esquirlas en todas direcciones. El impacto basta para tumbar a la mayoría de los objetivos conocidos.

PISTOLA RECOM Z-33R

0226-LSAR (BALA ENLAZABLE PARA AMETRALLADORA SKEL)

PUÑAL RECOM

PUÑAL RECOM ENVAINADO

PAQUETE DE HIDRATACIÓN

«Apretar y hablar», con altavoces atmosféricos

COMUNICADOR DE GARGANTA RECOM

Sistema de tres cañones calibre .50

AMETRALLADORA PESADA HYDRA RECOM

ARMAMENTO BASADO EN EXOCHASIS

A menudo las armas de los Recom son versiones modificadas de las unidades de artillería para exochasis humanos. Se las ajusta para mejor puntería y para maniobrabilidad de la fisiología de los Recom.

ZDINARSK   **WARREN**   **BROWN**   **LOPEZ**

UNIDAD RECOM

Considerada «el músculo» de la RDA, la unidad Recom es un grupo de fuerzas especiales que solo obedece órdenes de arriba y ayuda en circunstancias extraordinarias. Estos soldados obedecen y respetan la cadena de mando, y siguen tácticas que, se les dice, los mantendrán con vida más allá del perímetro de seguridad. Sin embargo, para someter a los bosques de Pandora necesitarán más que armas y potencia de fuego, y su supervivencia puede depender de cuánto sean capaces de adaptarse.

CAPÍTULO 5:
VEHÍCULOS DE LA RDA

La RDA quiere hacer de Cabeza de Puente una auténtica fortaleza regional, lo que la hace mucho más peligrosa que la antigua misión minera de Puerta del Infierno. Para que adapten a las necesidades de un mundo hostil la última tecnología de una Tierra devastada por la guerra, la RDA ha convocado a sus mentes más brillantes para crear una nueva generación de vehículos más rápidos y letales. Por tierra, mar y aire estas máquinas de alto rendimiento construyen, patrullan y protegen instalaciones de la RDA en la luna, lo que permite su expansión a nuevos territorios y nuevas formas de extraer recursos. El CetOps (Operaciones con Cetáceos) y sus barcos de caza, agresivos y hechos a medida, son un nuevo y crucial enfoque.

S-76 DRAGÓN MARINO

EL NUEVO BARCO PANDORANO de la RDA S-76
Dragón Marino es un gran alíscafo (barco de efecto
hidroala) diseñado para cazar al *tulkun*, una criatura
similar a la ballena. Esta rapidísima y bien equipada
nave posee un impresionante alcance de miles de
millas marinas. A bajas velocidades opera como un
barco normal, pero puede alzarse totalmente sobre sus
hidroalas y volar a baja altura sobre las olas. Con una
velocidad máxima de 130 nudos (241 km/h), incluso
en mares muy movidos el Dragón Marino es capaz de
avanzar al ritmo de los helicópteros escolta.

Una vez que el *tulkun* se encuentra a su alcance, el Dragón Marino despliega sus barcos de agrupamiento
y caza. Deja caer sumergibles clase Mako a través de un foso de inmersión que se abre en el casco.

*En caso de emergencia,
la tripulación despliega
botes salvavidas hinchables*

CONTENEDOR DE BOTE SALVAVIDAS

VIAL DE AMRITA

PLATAFORMA DE CAZA

El Dragón Marino sirve de nave de
apoyo a una gama de naves menores
que zarpan de su cubierta de proa
y de su rampa de popa. En Pandora,
los Dragones Marinos se fabrican con
materiales locales en un impresionante
astillero de alta tecnología. Grandes
partes del casco y las alas se fabrican
con metal fundido en enormes impresoras
3D. Una vez ensamblado, el Dragón
Marino se bota, listo para cazar al *tulkun*.

FICHA

FABRICANTE	General Dynamics
MODELO	S-76 Dragón Marino
FILIACIÓN	CetOps/RDA
ESLORA	121 m
VELOCIDAD MÁX.	130 nudos (241 km/h)

ARCHIVO

> Mitad barco, mitad avión, el Dragón Marino es único, pero guarda cierto parecido con la enorme aeronave Dragón, de la que procede su nombre.

> El Dragón Marino está diseñado como nave nodriza para cazar al *tulkun*: desplegar barcos y sumergibles de caza, arponear y cosechar las grandes criaturas.

Los rotores proporcionan el empuje necesario para elevar la nave sobre sus hidroalas

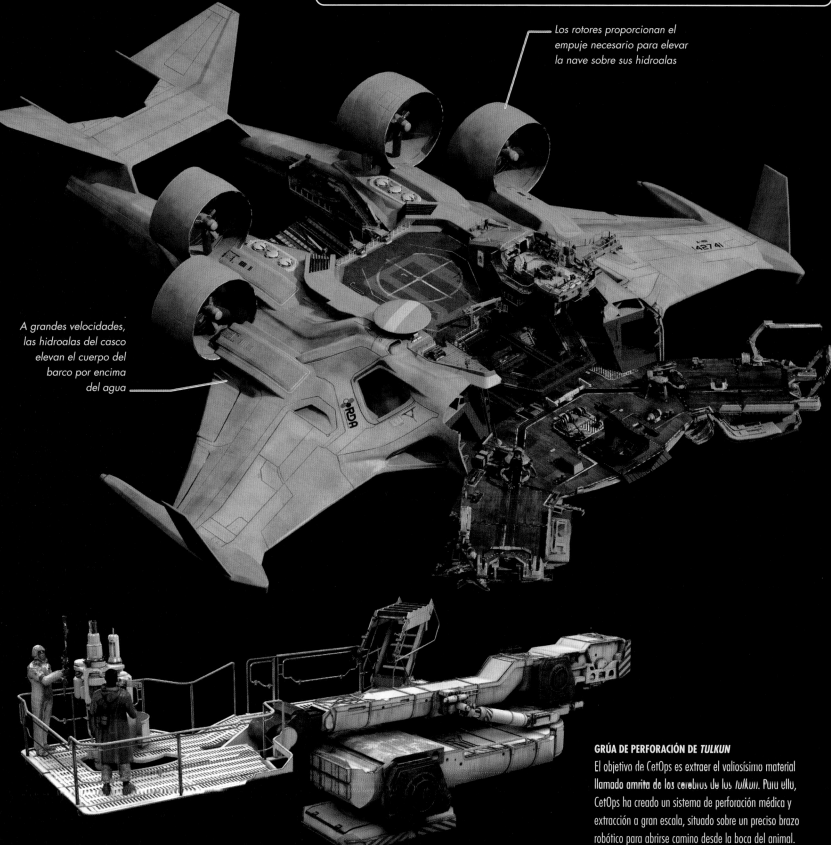

A grandes velocidades, las hidroalas del casco elevan el cuerpo del barco por encima del agua

GRÚA DE PERFORACIÓN DE *TULKUN*

El objetivo de CetOps es extraer el valiosísimo material llamado amrita de los cerebros de los *tulkun*. Para ello, CetOps ha creado un sistema de perforación médica y extracción a gran escala, situado sobre un preciso brazo robótico para abrirse camino desde la boca del animal.

MATADOR

ESPECIALMENTE DISEÑADO como plataforma de mando, apoyo y arponeo a gran velocidad, el Matador es el director de juego del equipo del CetOps en la caza de *tulkun*. Con un potente motor, se despliega con rapidez y alcanza aún más velocidad al perseguir a su presa. Además de otorgar una maniobrabilidad excepcional, su casco de 15 metros en «V profunda» y sus turbinas gemelas impulsan a una tripulación de ocho personas a más de 40 nudos (74 km/h).

CABINA DEL MATADOR

PLATAFORMA DE ÚLTIMA TECNOLOGÍA

El Matador aprovecha al máximo la rampa magnética de lanzamiento del Dragón Marino. Asientos con absorción de impacto protegen a la tripulación de los golpes de las grandes olas. Equipo de última generación de navegación, adquisición de objetivos y comunicaciones ofrecen seguridad y coordinación eficaz con el Dragón Marino.

Equipo de navegación, comunicación y adquisición de objetivos

VISTA LATERAL (BABOR)

FICHA

FABRICANTE	RDA
MODELO	Matador
FILIACIÓN	CetOps/RDA
ESLORA	15,2 m
VELOCIDAD MÁX.	45 nudos (83 km/h)

ARCHIVO

> Para el piloto, el Matador hace las veces de centro de mando móvil, con una avanzada imagen sonar subacuática en tiempo real en la pantalla delantera.

> Un arpón con cable bien alojado puede hacer que el *tulkun* arrastre al Matador hasta que el animal, exhausto, se rinde.

VISTA DE PROA

VISTA DE POPA

AMETRALLADORA PESADA HYDRA

MUNICIÓN

ARSENAL DE A BORDO

El equipo de a bordo incluye un lanzador giroestabilizado de cargas de profundidad acústicas de 90 mm y tres ametralladoras Hydra calibre .50. La proa cuenta con un lanzador de arpones montado especialmente. Diseñado para impedir que el animal huya, este arma dispara un proyectil autobloqueante con cable de alta resistencia y carraca integrada.

PROYECTIL COHETE

SISTEMA DE RECARGA

LANZADOR DE ARPONES

PICADOR

LOS PICADOR SON BARCOS de superficie, rápidos y ágiles, se emplean para patrullas cercanas y apoyo defensivo. El Dragón Marino despliega una variante como barco de persecución en la caza del *tulkun*. Su velocidad permite al Picador fijar objetivos en animales antes que ningún otro vehículo, y aplicar armamento y tácticas especiales para acercarlos a distancia de ataque. Las tripulaciones de Picador no tienen piedad de su presa: antes de golpear con el cañón sónico, emplean con ella el lanzagranadas «despedazador». No dudarán en insertar su barco en un grupo de *tulkun* para aislar al animal objetivo.

«Cesta» de sensores equipada con radar, antenas, cámaras, etcétera

El visualizador Head-Up muestra datos cruciales tanto tácticos como del vehículo

Lanzagranadas despedazador

SEC-OPS

Lanzadores de granadas de humo para ataque estratégico o retirada

DESPEDAZADOR

El lanzador de cargas de profundidad de 90 mm despedazador, componente crucial de la metodología de caza de CetOps, posee munición «inteligente» sensible a la profundidad y un avanzado sistema de telemetría y puntería que permite al artillero disparar cargas coordinadas para dirigir a los animales. Las ensordecedoras detonaciones subacuáticas impiden a los *tulkun* sumergirse para huir, y les obligan a nadar en el patrón deseado.

CABINA

VISTA DE PROA

VISTA DE POPA

FICHA

FABRICANTE Baxter Industries

MODELO Picador 9300

FILIACIÓN CetOps/RDA

ESLORA 10 m

VELOCIDAD MÁX. 58 nudos (107 km/h)

ARCHIVO

> Sus turbinas gemelas permiten al Picador girar sobre sí mismo y detenerse de golpe gracias a sus inversores de empuje.

> Las Dragón Marino y otras naves de la RDA contienen una versión de rescate desarmada, pero con potentes focos, de color gris y anaranjado.

CAÑÓN SÓNICO

El Cañón Sónico AHD-9, una temible máquina que los *tulkun* odian, es una adaptación a partir de un diseño usado para antidisturbios en la Tierra. Sus reflectores fueron configurados para emitir pulsos acústicos de altos decibelios, cuyo espectro coincide con las frecuencias más sensibles al oído del *tulkun*. El sonido que produce es tremendamente doloroso para los animales, que se alejan de él de inmediato.

SUMERGIBLE CLASE MAKO

EL RÁPIDO Y LETAL sumergible clase Mako fue desarrollado para defensa costera, pero para dirigir a los *tulkun* desde abajo, CetOps lo emplea como formidable contrapartida submarina del barco de persecución Picador. Su gran potencia y suave forma hidrodinámica le permiten superar con rapidez al animal objetivo y acertarle con torpedos-arpón que acto seguido hinchan bolsas de flotación. Estas llevan al *tulkun* a la superficie y lo ralentizan, lo que permite al Matador llegar hasta él y realizar su terrible trabajo. Cuando no se encuentra «embolsando» *tulkun*, los Mako proporcionan defensa perimetral submarina al Dragón Marino, alejando criaturas agresivas con torpedos de alto explosivo, torpedos con red de caza y un arpón rotativo.

Un S-76 Dragón Marino despliega sumergibles clase Mako.

EMBLEMA DEL EQUIPO MAKO

Tres hélices con tobera ofrecen redundancia y un gran empuje

El enorme conjunto de baterías en el fuselaje le ofrece potencia de impulso y largo alcance

FICHA

FABRICANTE	NWS
MODELO	MS-3 Tipo 2
FILIACIÓN	CetOps/RDA
VELOCIDAD MÁX.	28 nudos (52 km/h)

CAZADORES SUBMARINOS

Pastorear enormes criaturas marinas desde debajo de las olas no es tarea fácil. Acertar en un punto de anclaje entre las placas acorazadas del animal exige un disparo preciso de los torpedos-arpón, y para que el artillero tenga un buen disparo, los pilotos de Mako deben situarse justo bajo el objetivo. El sumergible es suficientemente rápido como para superar a un *tulkun* adulto, ágil como para evitar sus aletas caudales y duro como para soportar una colisión accidental. Como a sus colegas de los Picador, a las tripulaciones de Mako les encanta el riesgo de la caza.

PUNTA DE ARPÓN QUE LO'AK HALLÓ CLAVADA EN PAYAKAN

SEC-OPS

ARPÓN ROTATIVO

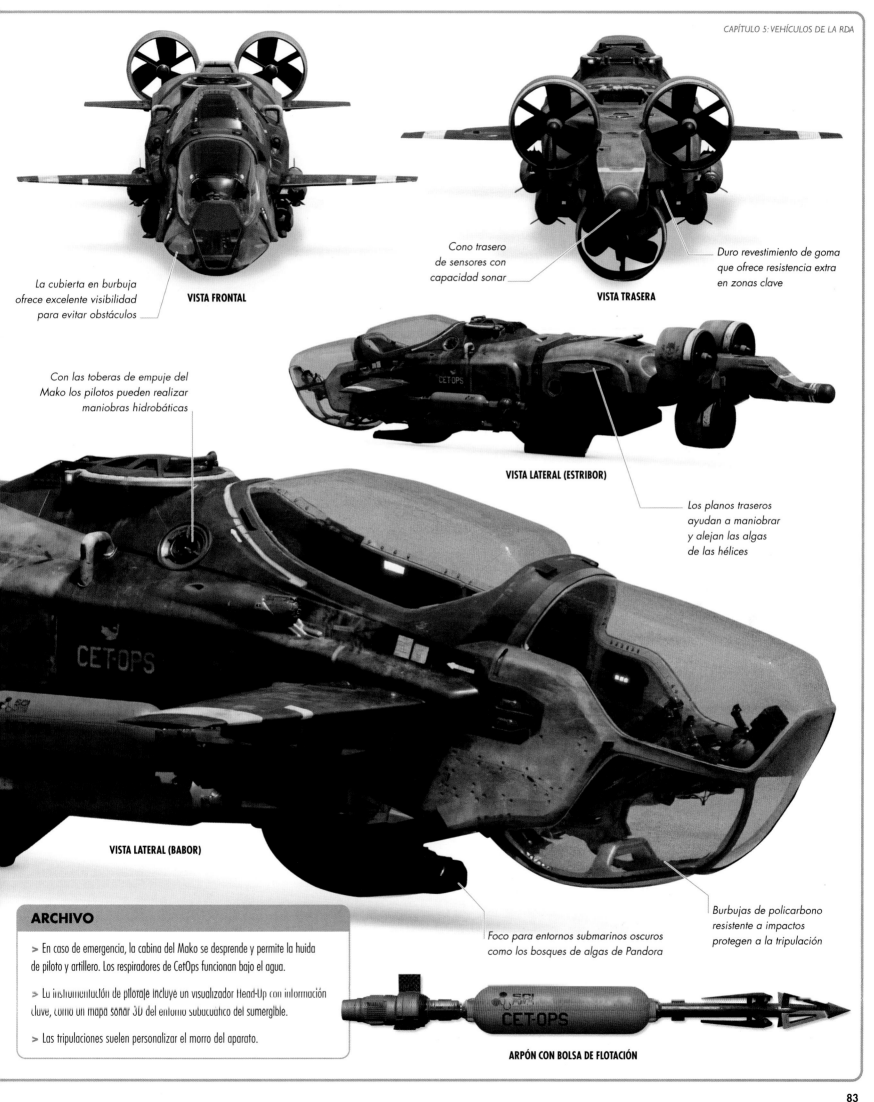

La cubierta en burbuja ofrece excelente visibilidad para evitar obstáculos

VISTA FRONTAL

Cono trasero de sensores con capacidad sonar

VISTA TRASERA

Duro revestimiento de goma que ofrece resistencia extra en zonas clave

Con las toberas de empuje del Mako los pilotos pueden realizar maniobras hidrobáticas

VISTA LATERAL (ESTRIBOR)

Los planos traseros ayudan a maniobrar y alejan las algas de las hélices

VISTA LATERAL (BABOR)

Burbujas de policarbono resistente a impactos protegen a la tripulación

Foco para entornos submarinos oscuros como los bosques de algas de Pandora

ARCHIVO

> En caso de emergencia, la cabina del Mako se desprende y permite la huida de piloto y artillero. Los respiradores de CetOps funcionan bajo el agua.

> La instrumentación de pilotaje incluye un visualizador Head-Up con información clave, como un mapa sonar 3D del entorno subacuático del sumergible.

> Las tripulaciones suelen personalizar el morro del aparato.

ARPÓN CON BOLSA DE FLOTACIÓN

SUMERGIBLE CANGREJO

LOS SUMERGIBLES CANGREJO funcionan como armaduras AMP subacuáticas. El cuerpo principal es una cabina hermética (capaz de sumergirse hasta 500 metros) de la que pueden desplegarse potentes brazos y piernas. En Cabeza de Puente, los sumergibles cangrejo realizan tareas de construcción y seguridad subacuáticas. Encuadrados en CetOps, se despliegan desde un Dragón Marino para ayudar en la recuperación de *tulkun* muertos por los rápidos barcos y sumergibles de caza. Los cangrejos, que clavan garfios en las espaldas acorazadas y cargan pesadas líneas de arrastre, son el músculo del equipo de caza. Armados con un arpón rotativo, pueden tener también un rol defensivo.

Un tanto torpes en tierra, los sumergibles cangrejo están en su entorno bajo el agua.

Caparazón y paneles del cuerpo fabricados con ligera fibra de carbono

Dura burbuja de policarbono

"RASSGAT"

MODO SUMERGIBLE

Extremidad plegada

APARATO ANFIBIO

En su regreso a Pandora, la RDA necesitaba un modo de proyectar fuerza –y efectuar trabajo pesado– bajo las aguas. Pensaron en una variante acuática de la armadura AMP, pero nunca se llegó al rendimiento esperado de ella. Así que para lograr la máxima capacidad de una AMP, pero con mayor velocidad, agilidad y alcance subacuático, tomaron la decisión de optar por un diseño totalmente nuevo con la estrategia de la biomímica (la imitación de formas y funciones naturales). Así nació la Plataforma de Movilidad Sumergible.

CABINA DE CONTROL

El sumergible cangrejo es pequeño, pero extremadamente funcional. Como la armadura AMP, el cangrejo emplea un armazón de retroalimentación de fuerza, pero en lugar de detrás, lo pone enfrente del piloto. Pedales en pie y rodilla controlan el movimiento, y los controles de mano gestionan también el vuelo submarino.

INSPIRADO EN LA NATURALEZA

La apariencia y postura de cangrejo del sumergible no son accidentales. Cuando desarrollaron las formas hidrodinámicas y modos de movimiento del vehículo, los ingenieros se inspiraron en la naturaleza.

El impulsor principal es una potente hélice con tobera con motor eléctrico

Una resistente tobera protege la hélice de peligros ambientales y mejora su eficacia

Durante el modo sumergible, las extremidades se pliegan en el cuerpo

Adaptables pies de dos pezuñas: en superficies duras caminan sobre los nudillos y bajo el agua se aferran a las algas y otros materiales orgánicos

MODO CANGREJO

Hábiles manipuladores que se reconfiguran para distintas tareas

ARPÓN ROTATIVO

IMPULSOR PRINCIPAL

Para que los pilotos y la tripulación puedan montar el sumergible cangrejo, de las patas delanteras surgen unos escalones

FICHA

FABRICANTE	Kamath Intermodal
MODELO	SMP-2
FILIACIÓN	CetOps/RDA
VELOCIDAD MÁX.	19 nudos (35 km/h)
TRIPULACIÓN	1 piloto
ARMAMENTO	Arpón rotativo (munición autopropulsada)

AVISPA DE MAR

LA AVISPA DE MAR es una cañonera aérea de alto rendimiento diseñada para una gama de misiones, entre ellas patrulla de largo alcance y detección de *tulkun* para la flota de caza, así como escolta y CAS (apoyo aéreo cercano) para SecOps. Aunque en su armamento y disposición de cabina se ve que procede del AT-99 Escorpión, la Avispa de Mar, con sus cuatro rotores, es un gran salto evolutivo, con notables mejoras en velocidad, alcance y maniobrabilidad. Dado que la RDA ha desplazado su foco de operaciones al mar, la aeronave ha sido diseñada y construida para las duras condiciones del trabajo marítimo en zona tropical. Rápida como una flecha, pero suficientemente dura para el constante rearme y repostaje en el mar, la Avispa de Mar es un enemigo que Jake Sully y sus aliados na'vi deben tener en cuenta.

LISTA PARA LA MISIÓN
El equipo de tierra reposta y rearma una Avispa de Mar antes de su despegue.

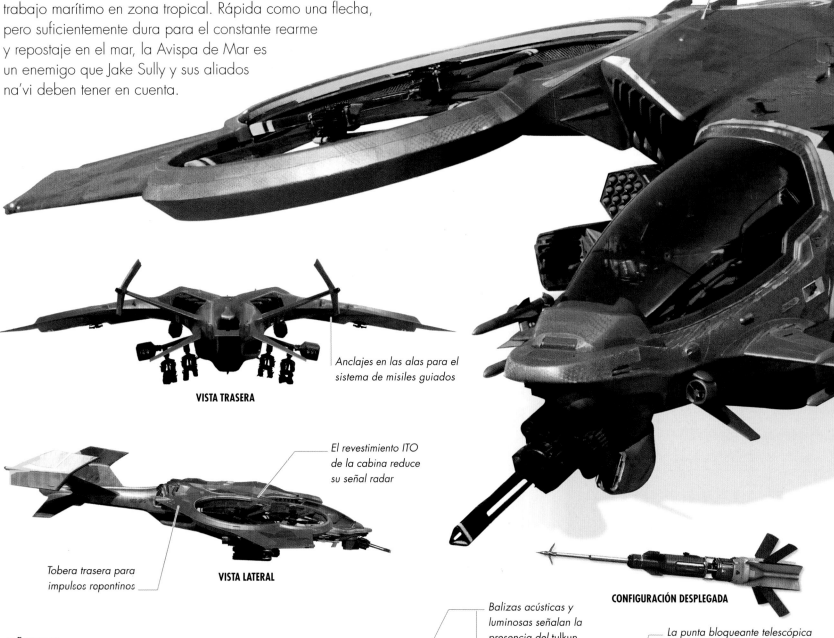

VISTA TRASERA

Anclajes en las alas para el sistema de misiles guiados

El revestimiento ITO de la cabina reduce su señal radar

Tobera trasera para impulsos ropontinos

VISTA LATERAL

CONFIGURACIÓN DESPLEGADA

Balizas acústicas y luminosas señalan la presencia del tulkun

La punta bloqueante telescópica atraviesa la coraza del tulkun y se fija

SEÑALADOR
Una de las funciones de la Avispa de Mar es ayudar a la nave nodriza Dragón Marino a encontrar grupos de *tulkun*. La aeronave lleva dispositivos transmisores llamados señaladores que los pilotos lanzan sobre objetivos *tulkun* específicos. Los señaladores se adhieren a la coraza dorsal y marcan al animal para que el Dragón Marino y su grupo de vehículos acuáticos le den caza.

VISTA LATERAL

ARCHIVO

> El fuselaje de la Avispa de Mar está marcado por un fino patrón de panal que absorbe el radar y añade resistencia al ligero material compuesto.

> La cabina de la Avispa de Mar exhibe grandes pantallas envolventes y un visualizador Head-Up holográfico multimodo.

Toma de refrigeración para el ensamblaje del rotor

FICHA

FABRICANTE	FDM Aerospace
MODELO	AT-101
FILIACIÓN	ScOps/RDA
LONGITUD	14 m (sin el cañón frontal)
VELOCIDAD MÁX.	284 nudos (526 km/h)

Misil guiado Hellfire (en armazón de 16)

Superficies de control de vuelo para mayor maniobrabilidad

La configuración con cuatro rotores incrementa de manera espectacular su agilidad

NACIDA PARA LA VELOCIDAD

La Avispa de Mar es la aeronave de rotores más rápida desplegada en Pandora, y en algunos aspectos es un tanto avión. Los ingenieros le han otorgado un perfil esbelto como el de un caza a reacción y dos turbinas que le dan el máximo impulso hacia delante sin tener que inclinar mucho los rotores. Las extensiones de punta alar en las góndolas de los rotores añaden sustentación y control, aumentan el alcance y a gran velocidad ofrecen una maniobrabilidad aerobática como la que suelen tener los aviones de ala fija. El sistema de rotores también es impresionante. Con un innovador diseño de doble rotor en cada ala, la configuración «tetrarrotor» permite al piloto girar e inclinar el aparato a baja velocidad, lo que lo convierte en una máquina muy ágil.

CAÑONERA CERNÍCALO

Cañoneras Cernícalo en formación sobre el paisaje de Pandora.

EL CERNÍCALO, una cañonera de rotor tubular, es una aeronave de transporte general y combate más pesada que la antigua aeronave multipropósito de la RDA, la SA-2 Samson. Es más rápida, está mejor armada y, con una bodega de carga y rampa más grande, tiene una mayor capacidad de despliegue de tropas y material. Contramedidas magnéticas activas y una electrónica reforzada le dan total operatividad en las conflux (concentraciones de flujo) de Pandora. La conciencia espacial del piloto mejora con una cabina de burbuja y una nueva gama de sensores. Un auténtico arsenal de armamento integrado va acompañado por dos puntos artilleros en puertas y un artillero de rampa trasera, haciendo muy difícil sorprender o destruir un Cernícalo.

Unidades de contramedidas magnéticas en toda la aeronave

Sistema de rotores similares a los del SA-2 Samson, pero más grandes y ligeros para mayor empuje y eficacia

MÁS GRANDE, MÁS MALO

Con más de 20 m de longitud, el Cernícalo es bastante más grande que su predecesor y constituye su propia clase de aparato. En lugar de esquíes, el Cernícalo tiene un resistente tren de aterrizaje retráctil que amortigua el contacto con pesadas cargas de material o personal. La nave, un transporte aéreo armado de personal, puede cerrar las puertas y rampa para vuelo a gran velocidad, y abrirlas luego para desatar un infierno desde tres posiciones de ametralladora Hydra.

Un revestimiento antidestellos da a la cabina su aspecto «insectoide»

Los nuevos lanzacohetes extienden destrucción a gran escala

VISTA FRONTAL

FICHA

FABRICANTE	Aerospatiale
MODELO	SA-9
FILIACIÓN	SecOps/RDA
LONGITUD	20,3 m
VELOCIDAD MÁX.	235 nudos (435 km/h)

El escape disipa la estela infrarroja térmica para evitar misiles de los insurgentes y miradas de las bestias pandoranas

La configuración de cola, inspirada en la del AT-99 Escorpión, mejora la maniobrabilidad del pesado Cernícalo

VISTA LATERAL

Anclajes de armamento bajo y generoso acceso por puertas y rampa facilitan el rearmado

Patrones de fuselaje creados durante la fabricación por impresión 3D

Grandes turbinas paralelas protegidas por rejillas endurecidas en la toma de aire

VISTA SUPERIOR

LA MUERTE DESDE EL AIRE

La RDA decide no jugársela en la lucha contra los guerreros indígenas y las letales criaturas de la luna. El armamento del SA-9 Cernícalo refleja este compromiso con una misión agresiva, incluso ante los peores peligros. Con nada menos que cinco ametralladoras pesadas independientes, así como el ya veterano sistema de misiles Hellfire y lanzacohetes, el Cernícalo puede enfrentarse a casi cualquier cosa. No es de sorprender que los mejores pilotos y artilleros de SecOps aprovechen toda oportunidad de unirse a una tripulación.

CONTROLES DE VUELO

ASIENTO DEL PILOTO

Sistemas de puntería basados en cámaras para fuego de largo alcance más preciso

El patrón en la cobertura da a la Hydra-A mayor resistencia y refrigeración

La cinta de munición pasa por una cámara en el arma desde un contenedor con 1250 balas en el fuselaje

Anclaje para armamento (semiala)

Tres cañones fijos (calibre .50 encamisado)

El pivote se puede recolocar en cualquier punto de la cubierta

AMETRALLADORA PESADA HMCORP MBS-23B «HYDRA B» SOBRE MONTURA PIVOTANTE

Innovador sistema de refrigeración de bocacha

AMETRALLADORA DE SEMIALA GAU 33-K

La H&F GAU 33-K es una ametralladora automática tipo Gatling de 30 mm capaz de disparar 1750 balas por minuto.

MISIL GUIADO HELLFIRE

Fabricado por HMCORP, el AG-MFM 355 «Hellfire» es un misil aire-aire y aire-tierra autoguiado. Posee control de explosión en tiempo real y sistemas de puntería «dispara y olvida».

Puede detonar munición HE, así como explosivos incendiarios para defoliar la jungla

Cañones gemelos cubiertos

ARCHIVO

> Los amplios espacios de personal y bodega del Cernícalo lo hacen ideal para los avatares militares llamados Recom.

> Las fuerzas especiales pueden descender con rapidez al bosque desde un Cernícalo mediante grúas de descenso con cable.

AMETRALLADORA GEMELA FRONTAL KM-722

Fabricada por Griffin Defense Systems, la KM-722 es una ametralladora automática doble de 20 mm con una cadencia de fuego de entre 750 y 1000 disparos por minuto (cada cañón).

CAPÍTULO 6:
EL CLAN METKAYINA

La metkayina es una de las culturas oceánicas na'vi, y se los conoce como el «pueblo del arrecife». Viven en la costa, en barreras de arrecifes y atolones. Su idílica isla, rodeada de enormes manglares entre los que han construido su aldea, está protegida del océano por un arrecife que forma un espigón natural. En todos los sentidos, la vida de los metkayina está ligada a los ritmos y la vida de su rico hábitat marino, que adoran. Aunque en la actualidad la paz reina en sus relaciones con otros clanes, los metkayina mantienen una reputación de fieros guerreros capaces de morir defendiendo su hogar. Aunque estaban muy lejos como para ayudar a los omatikaya en la batalla inicial contra la gente del cielo, saben que con el regreso de la RDA su mundo no permanecerá tranquilo durante mucho tiempo.

ATOLONES

FICHA

REGIÓN Atolones de coral

TERRENO Depósitos minerales en torno a lagunas marinas

POBLACIÓN Metkayina

EL ATOLÓN QUE OCUPAN los metkayina es un rompeolas natural en forma de anillo, de unos 48 km de diámetro. La estructura de la pared posee algunas aberturas o «pasos» que permiten que la marea suba y baje. Las pozas de marea en terrazas son únicas de los arrecifes de Pandora. Túneles forrados con poderosas colonias de invertebrados vierten agua en la parte superior de la barrera, donde queda embalsada en charcos y cae en cascadas, formando terrazas. A diferencia de los arrecifes de la Tierra, a lo largo de millones de años esta adaptación ha permitido al coral de la barrera crecer muy por encima del nivel del agua.

VISITANTES OCEÁNICOS
Los flujos de agua hacia arriba pueden traer extraños peces del océano que los metkayina rara vez encuentran en los bajíos.

ARCHIVO

> En su parte central, la laguna tiene 91 m de profundidad.

> La altura del espigón exterior oscila entre los 15 y los 30,5 m.

> La aldea metkayina está situada a 3,2 km de uno de los lados del espigón.

UN DESTINO LEJANO

El atolón queda a 483 kilómetros al nordeste del bosque tropical en el que viven los omatikaya. Volando en *ikran* son unas ocho horas, incluidos tres descansos de una hora para el animal.

CREENCIAS DEL ARRECIFE

Los na'vi del arrecife creen que Eywa creó el espigón para envolver la laguna y así crear la vida.

ALDEA METKAYINA

LAS CASAS DE LOS METKAYINA, llamadas *marui*, cuelgan entre las raíces de enormes manglares. Están construidas con una resistente tela tejida similar al ratán. Las estructuras de los metkayina están pensadas para soportar tormentas pandoranas, pero son ligeras para no dañar las raíces de los árboles. Algunas de estas aldeas han existido durante miles de años. Las estructuras se renuevan constantemente, pero rara vez se sustituyen. Casi todos los recursos que emplean los metkayina para construir y reparar sus *marui*, así como las herramientas que usan, las toman del arrecife y del océano de su entorno, y también del bosque de la isla. Para no sobreexplotar el océano, los miembros del clan metkayina se cuidan de tomar del agua tan solo lo que necesitan.

CENAS COMUNALES

El clan metkayina comparte su cena: toda la comunidad se reúne y contribuye con comida e historias. Creen en construir una comunidad fuerte, unida por la confianza. Los metkayina han perfeccionado todas las maneras de cocinar pescado, de la parrilla al ahumado, y utilizan hierbas y especias recogidas en la isla o intercambiadas con otros clanes. Sirven las comidas en grandes conchas y fuentes hechas de cáscaras de calabaza partidas por la mitad y decoradas. Cada metkayina tiene su propio plato decorado. Los platos suelen estar fabricados en madera o corteza de árbol, y están diseñados para ser sujetados con una mano y dejar la otra libre para servir y comer.

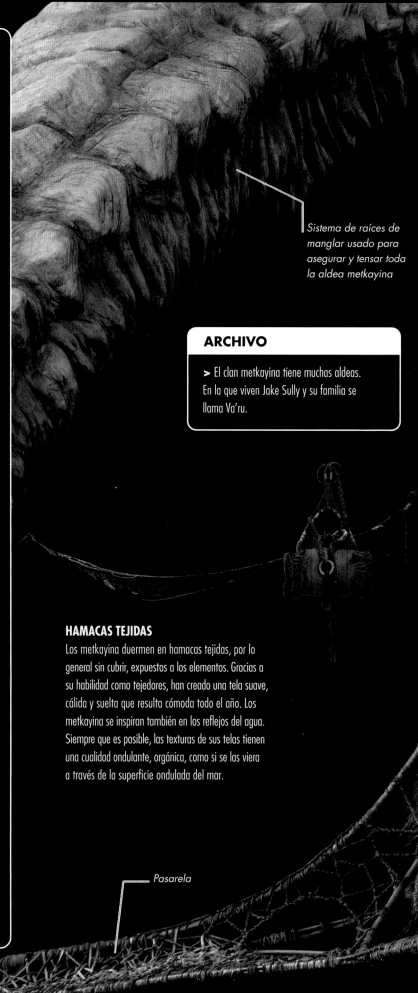

Sistema de raíces de manglar usado para asegurar y tensar toda la aldea metkayina

ARCHIVO

> El clan metkayina tiene muchas aldeas. En la que viven Jake Sully y su familia se llama Va'ru.

HAMACAS TEJIDAS

Los metkayina duermen en hamacas tejidas, por lo general sin cubrir, expuestos a los elementos. Gracias a su habilidad como tejedores, han creado una tela suave, cálida y suelta que resulta cómoda todo el año. Los metkayina se inspiran también en los reflejos del agua. Siempre que es posible, las texturas de sus telas tienen una cualidad ondulante, orgánica, como si se las viera a través de la superficie ondulada del mar.

Pasarela

MARUI DE LA FAMILIA SULLY

Puntos de tensión soportan la pasarela

Espacio para
tótem para que
los huéspedes
se sientan como
en casa

INSPIRADOS POR EL OCÉANO

Los metkayina tienen una relación especial y personal con los océanos pandoranos. Los miembros del clan honran su entorno marino en casi todo lo que construyen. Inspirados por los guijarros que el océano desgasta a lo largo de milenios, crean fuertes superficies suaves y esféricas que desvían el agua y el viento.

Lino de Pandora
y ratán tejidos

Una membrana transparente permite
el paso de luz y proporciona color

Aro rígido usado
para tensar y dar
forma al marui

Trampa de
bambú para peces

TONOWARI

ORGULLOSO, PODEROSO Y RESPETADO por su pueblo, Tonowari es el *olo'eyktan* del clan metkayina. Realiza el mismo papel que Jake Sully en el clan omatikaya, supervisando el bienestar material de su comunidad. Tonowari comunica fiereza, y su clan lo respeta por sus ideales y su capacidad de liderazgo en tiempos de grandes desafíos. Con el apoyo de su esposa, la *tsahìk* Ronal, y lidiando con las repercusiones de lo que esa elección acaba significando para su familia y para los metkayina, toma la difícil decisión de proporcionar *uturu* (santuario) a la familia Sully.

TATUAJES METKAYINA

Los metkayina poseen llamativos tatuajes, únicos de cada individuo, que narran su vida. La localización de cada uno en el cuerpo tiene un significado especial. Los tatuajes sobre el corazón y el pecho simbolizan la seguridad de la isla central. Los de los brazos representan el escudo protector, más expuesto, del espigón. Así, un cazador oceánico poseerá brazos densamente tatuados y menos detalles en el pecho. Los tatuajes se consideran un regalo tanto de Eywa como del clan, y se crean con tintas de animales especiales. Como *olo'eyktan*, Tonowari posee algunos de los tatuajes más detallados e intrincados de entre los hombres del clan metkayina. Abarcan su cara, torso, brazos y espalda.

Brazalete de conchas iridiscentes talladas y retorcidas a mano con detalles tejidos

BRAZALETE

FICHA	
SUJETO	Tonowari
ESPECIE	Na'vi
FILIACIÓN	Metkayina
ALTURA	2,92 m

Cabello en tensas trenzas para tener buena visión dentro y fuera del agua

Los tatuajes simbolizan acontecimientos de su vida

Collar de dientes de akula

Puñal en la cadera para desenvainar con facilidad en combate o cazando

Tonowari es un líder valiente que lucha con su clan en primera fila de combate.

CORDÓN DE LAS CANCIONES

Pequeña concha, un tótem sobre el que Ronal podría contar mucho

Patrón de dientes serrados inspirado en los dientes de akula

Posidonia secada y tejida para la empuñadura

PUÑALES METKAYINA

Los puñales de los metkayina están hechos de durísima obsidiana marina. Estas armas cristalinas son suficientemente duras para cortar las frondas más gruesas de posidonia, y afiladas y delicadas como para pelar la más fina capa de piel de un pescado.

CAPA CEREMONIAL

Tonowari usa su capa durante ciertas danzas y rituales, como una ceremonia de paso a la edad adulta. Está hecha con malla, piel de ala de *ikran* y conchas marinas pulidas.

Macramé

Escamas de pez

Nudos de trenzas de cordón colorido

Delicado tejido de piel y escamas de pez

IKNIMAYA

Como los adolescentes omatikaya, antes de ser considerados miembros adultos del clan, los de los metkayina deben completar una serie de rituales de paso llamados *iknimaya*. Una de estas ceremonias incluye el emparejamiento con un *tsurak* (corcel marino) y varias pruebas con su hermano o hermana espiritual *tulkun*. Cuando un metkayina ha completado estas pruebas, se le otorga una prenda especial (izquierda), su primer tatuaje y tres abalorios para su cordón de las canciones.

Fajín de piel gruesa con flecos

Tejido con fibras de manglares del arrecife halladas en el bosque

ARCHIVO

> A lo largo de los años, los metkayina han creado armas y sillas de montar diseñadas para su entorno oceánico.

> El *uturu* es un código cultural entre los na'vi. Se debe otorgar refugio seguro a los viajeros que lo invoquen.

TONOWARI

RONAL

RONAL ES LA VALIENTE e independiente *tsahik* (chamana) del clan metkayina. Atiende las necesidades espirituales del clan, pero también es una excelente cazadora y guerrera, dispuesta a dejarlo todo para proteger a su pueblo. Ronal está unida a Tonowari, y tienen dos hijos —Tsireya y Ao'nung— y uno más en camino. Cuando Jake Sully y Neytiri llegan hasta los distantes atolones pidiendo *uturu* (santuario), al principio Ronal los rechaza, pues no quiere aceptar la realidad de la inminente guerra contra la RDA, y desprecia a la familia Sully. No cree que la familia Sully —gente de bosque— pueda ganarse el sustento y encajar en el modo de vida de los metkayina.

Ronal guía a su clan, incluido Tonowari, en una importante ceremonia.

Diadema de piel de color aguamarina

Los tatuajes denotan familia y estatus

Tejido fino con conchas irisadas

BRAZALETE DE GUERRA

ENSEÑAR Y LIDERAR

Mientras Jake y Tonowari trabajan juntos, y los niños Sully intentan aprender las costumbres metkayina, Ronal pasa su tiempo con Neytiri enseñando a la *tsakarem* (futura *tsahik*) cómo vivir en armonía con el océano.

FICHA	
SUJETO Ronal	
ESPECIE Na'vi	
FILIACIÓN Metkayina	
ALTURA 2,62 m	

DEBERES CEREMONIALES

Como *tsahìk*, Ronal conduce todas las ceremonias del clan metkayina. Una de las experiencias más bellas y empoderadoras es la ceremonia del Primer Aliento, en la que en aguas poco profundas todo el clan es testigo del «nacimiento acuático» de un bebé na'vi. Ronal ayuda a la madre a dirigir a su recién nacido hacia la superficie para inhalar el primer aliento de aire, una transición simbólica del agua al aire. Los metkayina comparten esta ceremonia con los *tulkun*. Una madre *tulkun* da a luz a una cría al mismo tiempo, y la comunidad les dará la bienvenida a ambos.

TOCADO

Concha formal de diadema tsahìk

Piel entretejida

Cascada de madreperla

COLLAR DE *TSAHÌK*

Ronal lleva un tipo especial de collar que guarda un pequeño y fino estilete. Lo usa para varios propósitos ceremoniales. El collar está lleno de delicados abalorios y cuelga entre sus orejas, unido a su diadema.

Joyas transmitidas entre tsahìk a lo largo de generaciones

BOLSA DE MEDICINAS

Para curar se emplea un estuche de piel con hierbas, lancetas y viales de medicinas.

Una concha protege el puñal de la tsahìk

CONCHA DE *TSAHÌK*

El cordón de las canciones integrado en el vestido simboliza su conexión con su gente

PUÑAL DE RONAL Y SU VAINA

Hoja de cristal de color aguamarina

Una concha celebra el nacimiento de Tsireya

ARCHIVO

> Aunque es la *tsahìk*, Ronal participa en todas las facetas de la vida del clan, incluida la caza, la recolección y la cocina.

FALDA METKAYINA

Esta prenda denota su estatus como tsahìk. Está hecha con frondas marinas teñidas, conchas y pétalos de flores de arrecife.

PRENDAS DE NATACIÓN

CORDÓN DE LAS CANCIONES

TSIREYA

TSIREYA ES LA HIJA del *olo'eyktan* Tonowari y la *tsahìk* Ronal. Se comporta con orgullo, su padre y su madre le encargan que sea una de las guías de la familia Sully y que ayude a la gente de los bosques a aprender las costumbres del pueblo del arrecife. Es amable y paciente, y de inmediato adopta una actitud de protección hacia la inquieta Tuktirey. Entre otros miembros del clan metkayina menos hospitalarios, Tsireya es una presencia tranquila y acogedora.

A diferencia de los atigrados omatikaya, patrones moteados de piel de los metkayina

CORDÓN DE LAS CANCIONES DE TSIREYA
El cordón de las canciones de Tsireya contiene varias experiencias e hitos vitales, pero muchas de las cuentas y abalorios que ha colocado significan su aprecio por personas de su entorno.

Concha en forma de tambor acuático de una ceremonia de Primer Aliento

DIADEMA CON PEQUEÑA GEMA

Posidonia tejida

BRAZALETE

Concha incrustada

Empuñadura tejida

Top de macramé del arrecife

PROFESORA DEL OCÉANO

En cuanto la familia Sully se instala en su nueva morada, un *marui*, Tsireya y otros jóvenes metkayina invitan al agua a los niños Sully para que exploren por primera vez el arrecife. Sin experiencia en natación, los niños del bosque no consiguen nadar profundo ni permanecer bajo el agua, lo que frustra a algunos de sus anfitriones. Pero Tsireya comprende que los Sully necesitan entrenamiento y tiempo de adaptación. Ayuda a los niños de los Sully a mejorar su apnea y sus habilidades para bucear y nadar, y les enseña el lenguaje de signos de los metkayina.

Hoja de cristal marino

HERRAMIENTA
Tsireya cuida mucho de su puñal. Suele usarlo para cazar y proporcionar alimento a otros. Cuanto mejor esté el puñal, más saludable estará el clan.

PUÑAL

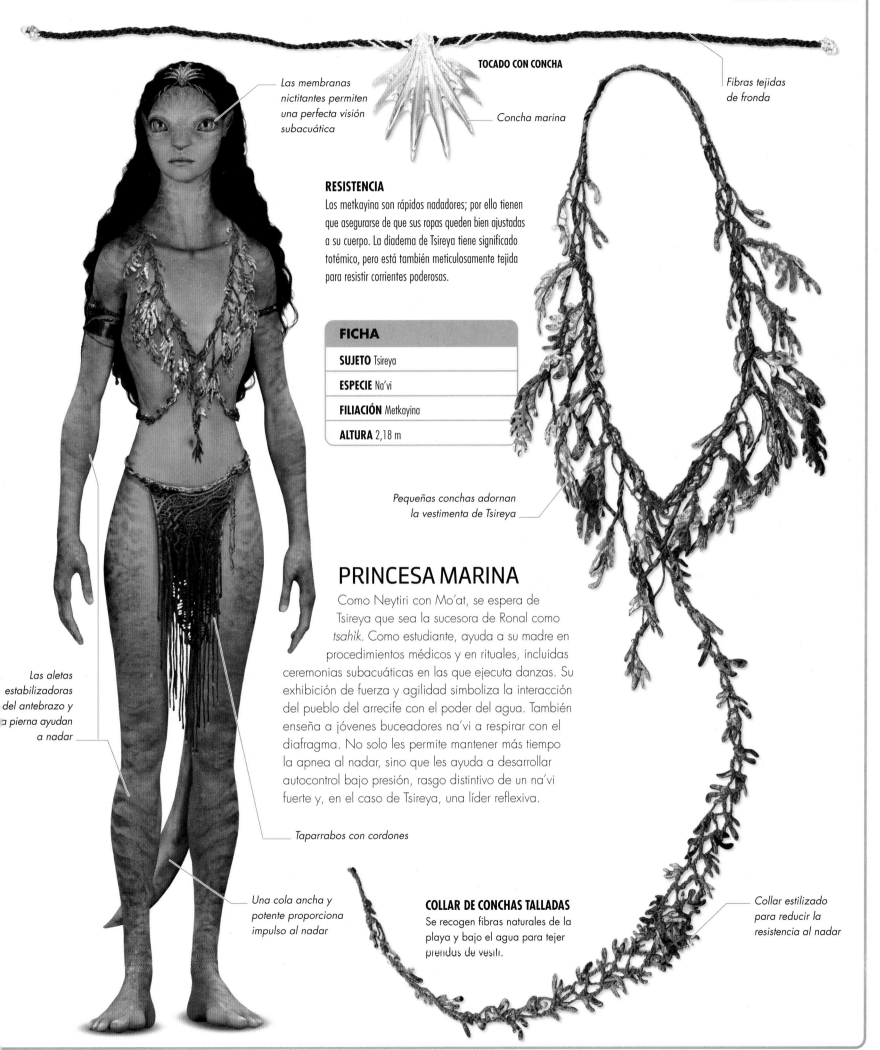

TOCADO CON CONCHA

Las membranas
nictitantes permiten
una perfecta visión
subacuática

Concha marina

Fibras tejidas
de fronda

RESISTENCIA

Los metkayina son rápidos nadadores; por ello tienen
que asegurarse de que sus ropas queden bien ajustadas
a su cuerpo. La diadema de Tsireya tiene significado
totémico, pero está también meticulosamente tejida
para resistir corrientes poderosas.

FICHA	
SUJETO Tsireya	
ESPECIE Na'vi	
FILIACIÓN Metkayina	
ALTURA 2,18 m	

Pequeñas conchas adornan
la vestimenta de Tsireya

PRINCESA MARINA

Como Neytiri con Mo'at, se espera de
Tsireya que sea la sucesora de Ronal como
tsahìk. Como estudiante, ayuda a su madre en
procedimientos médicos y en rituales, incluidas
ceremonias subacuáticas en las que ejecuta danzas. Su
exhibición de fuerza y agilidad simboliza la interacción
del pueblo del arrecife con el poder del agua. También
enseña a jóvenes buceadores na'vi a respirar con el
diafragma. No solo les permite mantener más tiempo
la apnea al nadar, sino que les ayuda a desarrollar
autocontrol bajo presión, rasgo distintivo de un na'vi
fuerte y, en el caso de Tsireya, una líder reflexiva.

Las aletas
estabilizadoras
del antebrazo y
la pierna ayudan
a nadar

Taparrabos con cordones

Una cola ancha y
potente proporciona
impulso al nadar

COLLAR DE CONCHAS TALLADAS

Se recogen fibras naturales de la
playa y bajo el agua para tejer
prendas de vestir.

Collar estilizado
para reducir la
resistencia al nadar

AO'NUNG

AO'NUNG ES UN SEGURO BUCEADOR metkayina a punto de pasar a la vida adulta en el clan. Hijo de Ronal y Tonowari, Ao'nung es un hábil cazador al que otros adolescentes intentan emular. Cuando la familia Sully hace su repentina e inesperada aparición en el arrecife, Ao'nung y su grupo se sorprenden ante la petición de refugio de la gente de los bosques. Cuando sus padres le dan la orden de que ayude a los niños Sully a aprender el modo de vida del arrecife, la sorpresa se convierte en ira y resentimiento.

FICHA	
SUJETO	Ao'nung
ESPECIE	Na'vi
FILIACIÓN	Metkayina
ALTURA	2,57 m
EDAD	15 años

Muy joven para tatuajes ceremoniales

Aleta en el antebrazo para nadar a más velocidad

En compañía de su hermana, Ao'nung lleva a los niños Sully a ver la Ensenada de los Ancestros, un lugar sagrado del clan metkayina.

UN GUÍA REACIO

A diferencia de su paciente y comprensiva hermana, Tsireya, Ao'nung soporta la tarea de ayudar a los Sully con mucho desagrado. Ve a los niños Sully como una pesada pérdida de tiempo. Cuando su hermana no lo ve, Ao'nung acosa a los Sully, sobre todo a Kiri, lo que lleva a un enfrentamiento entre sus hermanos y los chicos del arrecife. Sin embargo, a medida que la sombra de la RDA se acerca, Ao'nung traba amistad con los chicos Sully, y se unen como uno solo para repeler a los invasores de su hogar.

CINTURÓN Y TAPARRABOS DE AO'NUNG

GUERRERO EN FORMACIÓN

Ao'nung no ha pasado aún los ritos para ser un guerrero metkayina, por lo que no viste la prenda simbólica que llevan los guerreros y cazadores adultos del clan.

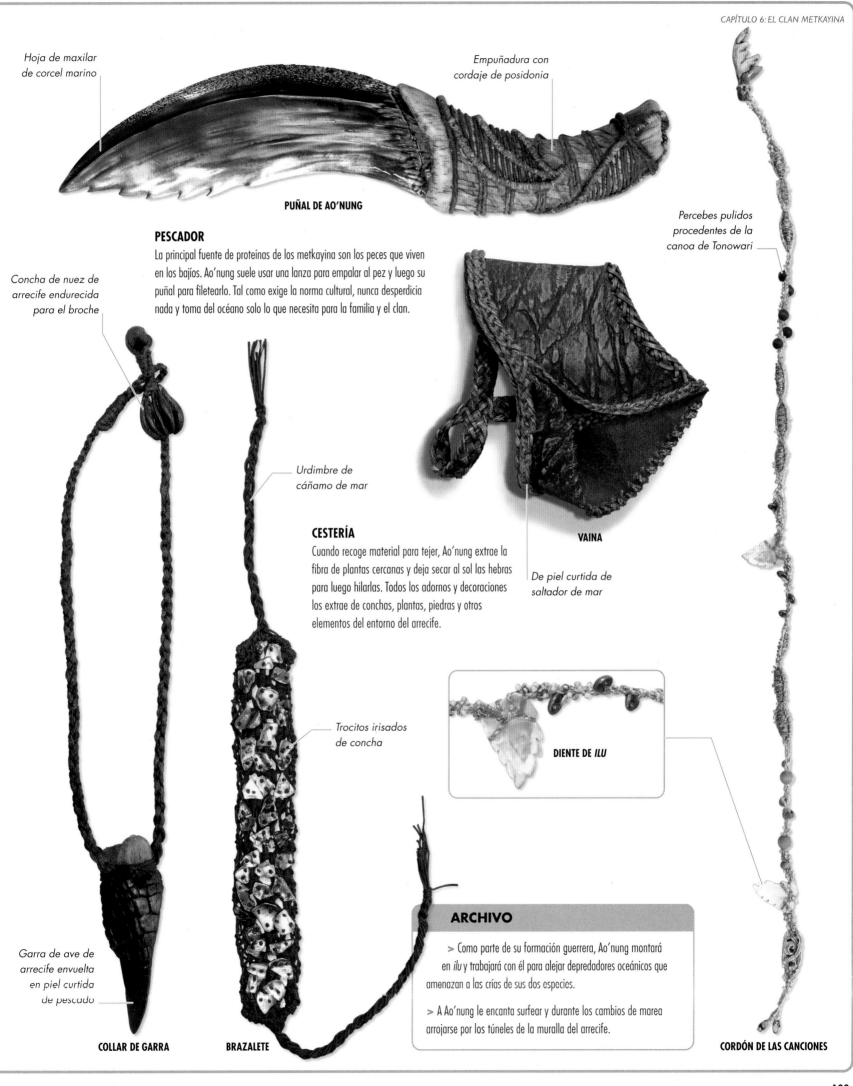

Hoja de maxilar
de corcel marino

Empuñadura con
cordaje de posidonia

PUÑAL DE AO'NUNG

Percebes pulidos
procedentes de la
canoa de Tonowari

PESCADOR

La principal fuente de proteínas de los metkayina son los peces que viven en los bajíos. Ao'nung suele usar una lanza para empalar al pez y luego su puñal para filetearlo. Tal como exige la norma cultural, nunca desperdicia nada y toma del océano solo lo que necesita para la familia y el clan.

Concha de nuez de
arrecife endurecida
para el broche

Urdimbre de
cáñamo de mar

VAINA

De piel curtida de
saltador de mar

CESTERÍA

Cuando recoge material para tejer, Ao'nung extrae la fibra de plantas cercanas y deja secar al sol las hebras para luego hilarlas. Todos los adornos y decoraciones los extrae de conchas, plantas, piedras y otros elementos del entorno del arrecife.

Trocitos irisados
de concha

DIENTE DE *ILU*

Garra de ave de
arrecife envuelta
en piel curtida
de pescado

ARCHIVO

> Como parte de su formación guerrera, Ao'nung montará en *ilu* y trabajará con él para alejar depredadores oceánicos que amenazan a las crías de sus dos especies.

> A Ao'nung le encanta surfear y durante los cambios de marea arrojarse por los túneles de la muralla del arrecife.

COLLAR DE GARRA

BRAZALETE

CORDÓN DE LAS CANCIONES

CANOAS
METKAYINA

LOS METKAYINA NO LIMITAN su dominio del tejido a sus prendas y los *marui* en los que viven. También lo emplean para diseñar bellas canoas en las que navegar. Cada detalle está finamente trabajado, desde las decoraciones de la proa hasta las intrincadas cuerdas, similares a arpas, que unen en tensión el estabilizador y el casco. Aunque el principal medio de transporte de los metkayina es el *ilu*, las canoas tienen una serie de importantes funciones. Pueden transportar una pequeña familia o llenarse con objetos demasiado pesados para las sillas de montar. También pueden hacer de plataformas para presenciar rituales y ceremonias en el océano. En esas ocasiones sagradas, las canoas se adornan con flores, un espectáculo emotivo que une al clan.

FICHA

FABRICANTE	Familia metkayina
MODELO	Canoa personalizada con estabilizador
FILIACIÓN	Metkayina
ESLORA	8,53 m
VELOCIDAD MÁX.	12 nudos (22 km/h)
TRIPULACIÓN	2–4 adultos
ARMAMENTO	Ninguno

Conchas y otros materiales decoran la proa

HABILIDADES DE CLAN

Así como el clan olangi vive en armonía con el *pa'li*, o el clan tayrangi con el *ikran*, el clan metkayina existe en armonía con el mar. Ya desde niños, los miembros del clan aprenden a navegar la laguna en sus canoas familiares. A medida que crecen, exploran aguas abiertas más peligrosas cercanas al espigón del arrecife. A menudo las formas y los colores de las canoas exhiben motivos típicos de los metkayina, y ofrecen un modo de identificarse cuando se encuentran con otro clan. Es por ello que los metkayina aplican su mejor trabajo artesano a la construcción de sus canoas.

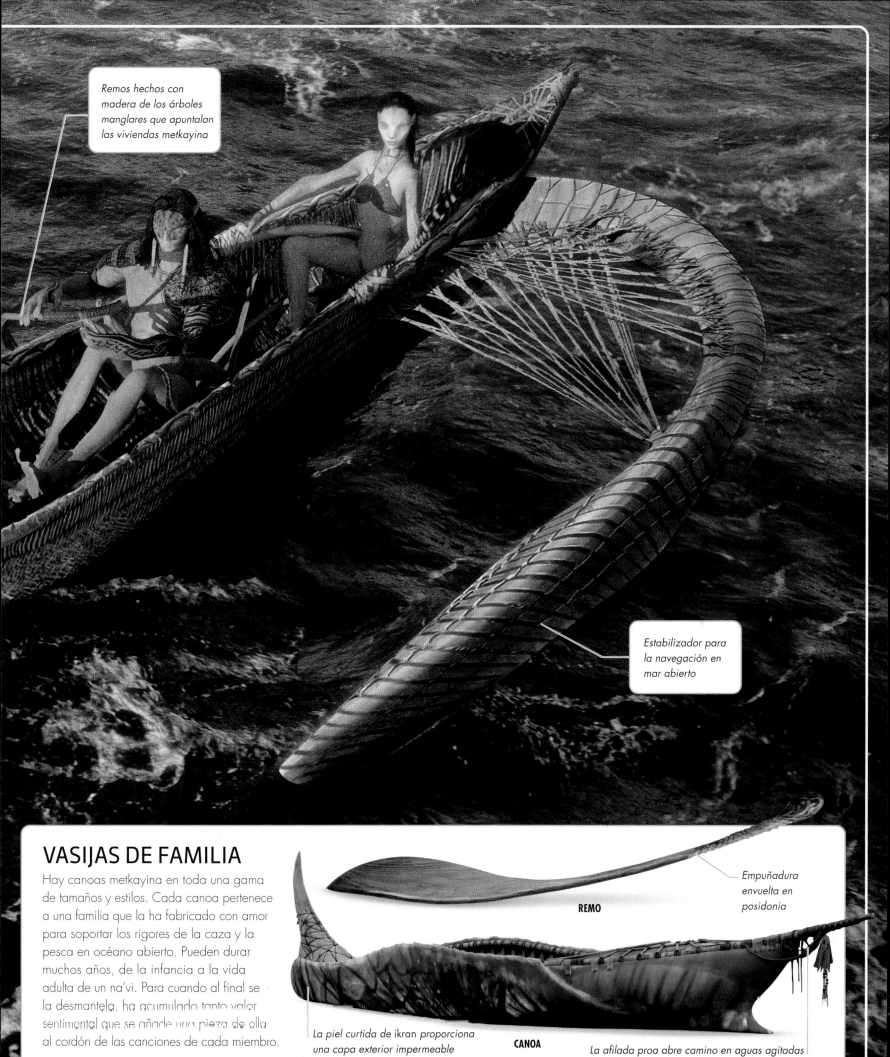

Remos hechos con madera de los árboles manglares que apuntalan las viviendas metkayina

Estabilizador para la navegación en mar abierto

VASIJAS DE FAMILIA

Hay canoas metkayina en toda una gama de tamaños y estilos. Cada canoa pertenece a una familia que la ha fabricado con amor para soportar los rigores de la caza y la pesca en océano abierto. Pueden durar muchos años, de la infancia a la vida adulta de un na'vi. Para cuando al final se la desmantela, ha acumulado tanto valor sentimental que se añade una pieza de olla al cordón de las canciones de cada miembro.

Empuñadura envuelta en posidonia

REMO

La piel curtida de ikran proporciona una capa exterior impermeable

CANOA

La afilada proa abre camino en aguas agitadas

ENSENADA DE LOS ANCESTROS

La Ensenada de los Ancestros es el lugar sagrado de los metkayina. Es una de las varias conflux de Pandora, con un campo magnético excepcionalmente fuerte y una concentración muy poderosa de inobtanio. Por encima y por debajo del agua, el campo magnético se nota en las islas flotantes sujetas en su lugar por el flujo. Estas islas se diferencian de las montañas Aleluya en que son más pequeñas y horizontales debido a la diferente geología de estos distantes atolones. Además de la piedra caliza y el inobtanio, hay un fuerte componente de arenisca que causa una erosión específica, y crea elaboradas cuevas submarinas e islas más horizontales. La conflux se ve de un modo mucho más teatral en la espectacular estructura en forma de arco que se expande en forma toroide.

ÁRBOL DE LOS ESPÍRITUS

EN LA ENSENADA DE LOS ANCESTROS, los na'vi del mar entran en comunión con sus ancestros y conectan con Eywa en su propio Árbol de los Espíritus subacuático. Conocido en lengua na'vi como *Ranteng Utralti*, para el pueblo del arrecife esta alta pero delicada estructura tiene una importancia similar a la que el Árbol de las Voces *(Utraya Mokri)* o el Árbol de las Almas *(Vitraya Ramunong)* tienen en el bosque para el clan omatikaya. Los na'vi del arrecife se unen al Árbol de los Espíritus conectando su *kuru* a una de las muchas frondas luminosas. Durante el *tsaheylu*, el Árbol de los Espíritus proporciona oxígeno, permitiendo largas sesiones de conexión subacuática con solo una inhalación de aire. Debido a que se encuentran bajo el agua, cada na'vi se empareja con un compañero de inmersión que lo vigila cuando entran en un estado disociado de su cuerpo. Una vez conectados, pueden acceder a la red neuronal de Eywa, en la que cargan y visualizan sus recuerdos e interactúan con los «espíritus» almacenados de sus ancestros. La experiencia puede ser tan impactante que después los na'vi pueden necesitar apoyo de su compañero para regresar a la superficie.

EYWA

Globalmente distribuida, Eywa es la conciencia de Pandora y la fuerza que equilibra y guía a todos sus ecosistemas. Considerada una deidad por los na'vi, trabaja como un cerebro para asegurarse de que el cuerpo entero de la luna emplee sus recursos de la mejor manera posible: una red que permite a las especies vivir en armonía y equilibrio con su entorno. Así pues, la «interconexión entre todos los seres vivos», que en la Tierra se ve a menudo como un concepto espiritual, existe de forma tangible en Pandora.

FILO: *ZOOPLANTAE*

En Pandora hay un filo extra llamado *zooplantae*, o plantas con similitudes animales. Suelen ser carnívoras o saprofitas (viven de otras plantas) y tienen algo similar a un sistema nervioso y músculos que les permiten moverse. El Árbol de los Espíritus pertenece a este filo. En lugar de hacer la fotosíntesis, dado que es tanto animal invertebrado como planta, el Árbol de los Espíritus se alimenta de partículas orgánicas como el zooplancton y el kril.

FRONDA
Una sola fronda se divide en varios zarcillos para que los na'vi se conecten.

FILTRO
Filtros especiales absorben del agua partículas de alimento.

ARCHIVO

> Situado en el centro de la Ensenada de los Ancestros, el Árbol de los Espíritus queda protegido de corrientes marinas fuertes.

> El Árbol de los Espíritus se levanta y se expande con la marea alta y encoge y se comprime con la marea baja.

CAPÍTULO 7:
EL OCÉANO

Al igual que los bosques tropicales de los omatikaya, los océanos que rodean los atolones del pueblo del arrecife están llenos de fascinantes animales y plantas de diferentes tipos y tamaños. Los metkayina obtienen del mar todos sus recursos, y el océano también alberga su lugar más sagrado, donde pueden conectar con Eywa. Los miembros del clan montan y nadan con los juguetones *ilu*, y toman parte en cacerías en mar abierto a lomos de esbeltos corceles marinos. Los temibles depredadores *akula* se encuentran en la cima de la cadena trófica y constituyen un gran peligro; los metkayina tan solo pueden ahuyentarlos. Los *tulkun*, criaturas conscientes similares a ballenas, viven en los mares y están profundamente conectados con los metkayina, que los ven como hermanos y parte del clan. Los científicos de la RDA apenas han empezado a estudiar la vida marina de Pandora, pero para desgracia de los *tulkun* y de los na'vi del arrecife, han descubierto una sustancia muy valiosa en el cerebro de los *tulkun*.

ANÉMONAS Y CORAL

EL ARRECIFE SUBACUÁTICO aloja una relación simbiótica entre anémonas, corales, flora y algas. Las actividades mutuas de las diferentes especies (intercambio de oxígeno, fotosíntesis, fertilización y retirada de residuos) permiten que el arrecife prospere y crezca. La ramificación de las estructuras coralinas es una metáfora visual de la conexión entre especies del arrecife, y recuerda también el principio de red fractal de Eywa: un sistema circulatorio que mantiene el equilibrio y la estabilidad. La salud del arrecife se refleja en la variedad de formas, tamaños y colores de anémonas y corales, y por la abundante biodiversidad, que los científicos consideran sin rival en ningún ecosistema conocido del universo.

La luz solar pasa por las delicadas estructuras del coral hongo gigante y proporciona energía solar a las algas simbióticas del entorno.

Toda la vida del arrecife ha evolucionado conjuntamente a lo largo de millones de años, convirtiéndolo en uno de los hábitats más antiguos y exitosos de Pandora.

Corona de tentáculos

El tallo puede extenderse hasta los 12 metros de altura

ELEMENTO SORPRESA

La anémona margarita es una anémona piscívora que con sus fuertes tentáculos captura a sus confiadas presas. Emplea la electrolocalización para detectar campos bioeléctricos de ciertos tipos de grandes peces depredadores. La anémona puede atraer presas imitando las señales que usan algunas especies para cautivar a una pareja sexual. En cuanto el pez se encuentra a su alcance, la anémona margarita extiende su tallo y envuelve a la presa con sus tentáculos, que inyectan un veneno paralizante antes de pasarla a la boca y deshacer el cuerpo con enzimas digestivas. Aunque para grandes peces depredadores es peligrosa, a menudo los pequeños encuentran refugio junto a ella.

Tentáculos venenosos

Encogida, en posición de descanso

Pólipos
de coral

PROTECTORES DE LA VIDA

El lecho marino tropical es el hábitat de corales dendríticos blandos y pétreos, así como de corales cerebro que filtran el agua de las profundidades. Esto mantiene limpio el océano y controla su concentración de gases. Los corales forman colonias suficientemente grandes como para amortiguar y ralentizar corrientes de agua, protegiendo islas y zonas costeras de poderosas olas y mareas altas. Sin ellos, el arrecife se volvería inhabitable para todas las formas de vida.

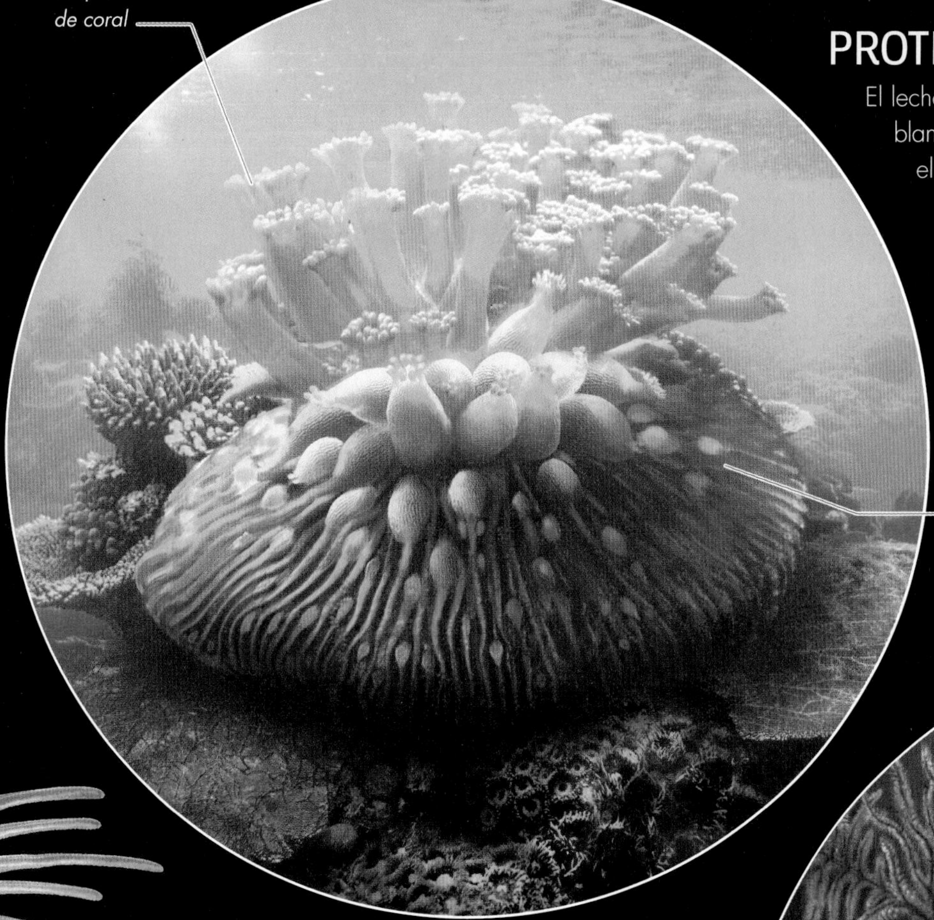

Coral independiente
en forma de disco

Coral abanico

CORAL DELICIOSO

Coral óseo con gran pólipo

Tentáculos urticantes
para cazar zooplancton

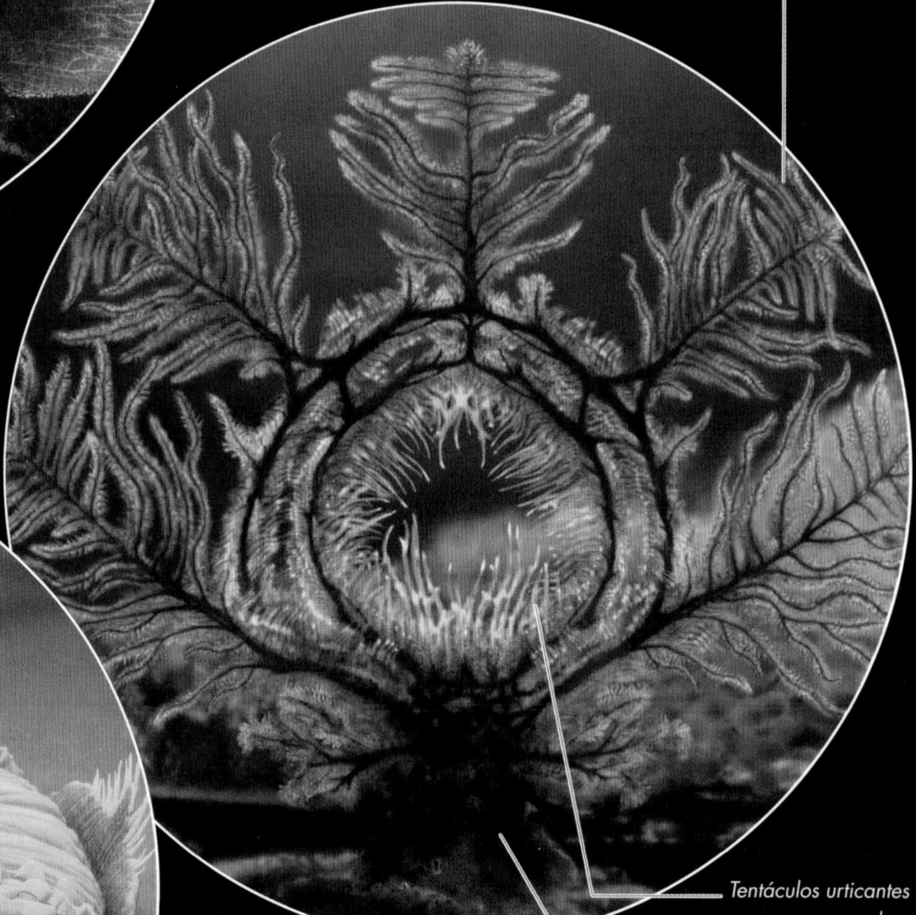

CORAL COLA DE ABANICO

La base se adhiere a
rocas o sustratos duros

CORAL DÓNUT ESTRELLADO

ILU

LOS *ILU* SON LISTOS, juguetones, rápidos y letales.
Son nadadores esbeltos y elegantes, a la hora de cazar en
manada son capaces de realizar impresionantes acrobacias
y de coreografías casi de danza. Estas criaturas respiran
aire inhalando a través de dos fosas en la parte superior del
cráneo, y exhalan por múltiples orificios (espiráculos) a lo largo
de la base del cuello. Los na'vi del mar montan los *ilu* de la
misma manera que los omatikaya montan *pa'li* (direhorses),
conectándose con ellos con sus látigos neuronales (los *kuru*)
en un vínculo *tsaheylu*. Al igual que los delfines, los *ilu* son
inteligentes y muy sociales. Suelen dar exuberantes saltos
impulsándose fuera del agua, girando, o surfean las
grandes olas producidas por las marejadas.

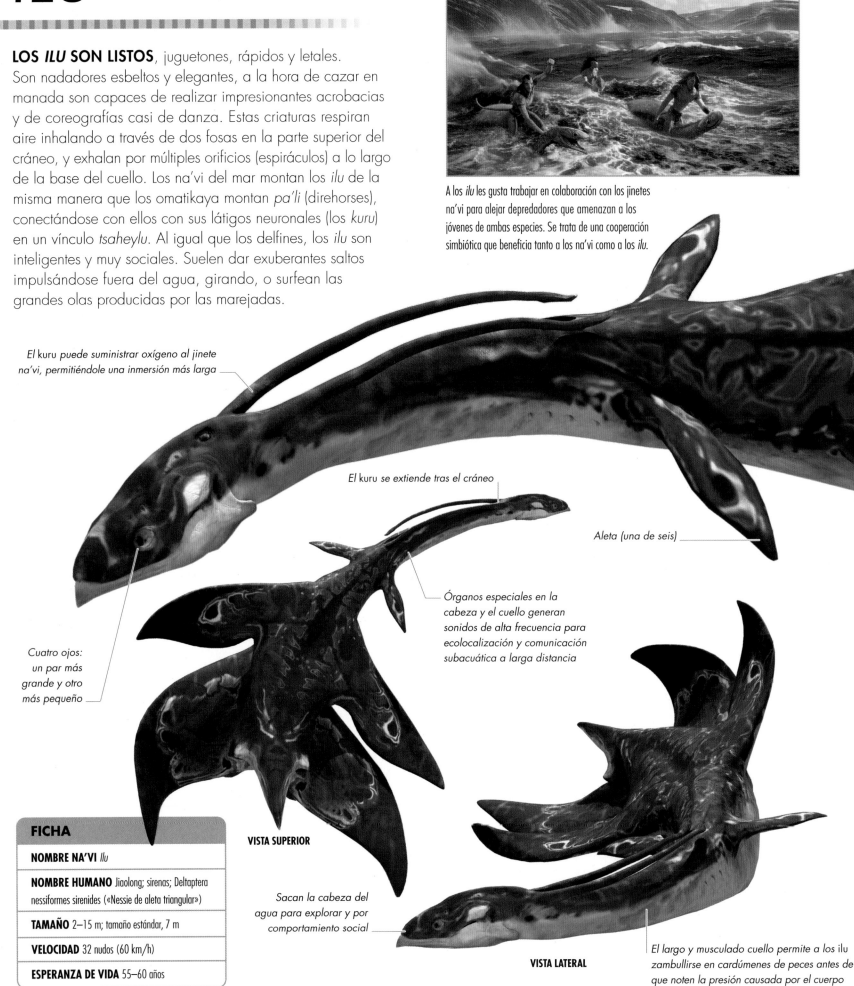

A los *ilu* les gusta trabajar en colaboración con los jinetes
na'vi para alejar depredadores que amenazan a los
jóvenes de ambas especies. Se trata de una cooperación
simbiótica que beneficia tanto a los na'vi como a los *ilu*.

El *kuru* puede suministrar oxígeno al jinete
na'vi, permitiéndole una inmersión más larga

El *kuru* se extiende tras el cráneo

Aleta (una de seis)

Órganos especiales en la
cabeza y el cuello generan
sonidos de alta frecuencia para
ecolocalización y comunicación
subacuática a larga distancia

Cuatro ojos:
un par más
grande y otro
más pequeño

VISTA SUPERIOR

Sacan la cabeza del
agua para explorar y por
comportamiento social

VISTA LATERAL

El largo y musculado cuello permite a los *ilu*
zambullirse en cardúmenes de peces antes de
que noten la presión causada por el cuerpo

FICHA

NOMBRE NA'VI *Ilu*

NOMBRE HUMANO Jiaolong; sirenas; *Deltaptera
nessiformes sirenides* («Nessie de aleta triangular»)

TAMAÑO 2–15 m; tamaño estándar, 7 m

VELOCIDAD 32 nudos (60 km/h)

ESPERANZA DE VIDA 55–60 años

Cuerpo esbelto, hidrodinámico y marcas de camuflaje

Cola en forma de remo

ILU DOMESTICADOS

Los *ilu* son domesticables con facilidad, y algunas manadas viven junto a aldeas na'vi del arrecife o viajan con nómadas. Adoptan el territorio de sus socios na'vi, y actúan como alarma cuando se aproximan grandes depredadores. Durante el vínculo inicial, el jinete na'vi debe frenar a la criatura o la resistencia del agua lo desmontaría. Si tienen éxito montando al animal, le pondrán un arnés para sujetarse mejor y transportar armas. Los *ilu* no desarrollan vínculos individuales con jinetes: cualquier jinete competente puede montar cualquier *ilu* acostumbrado al vínculo *kuru*.

CORCEL MARINO

EL CORCEL MARINO, *tsurak* para los na'vi, es un gran pez volador de los océanos de Pandora. Es un pez pulmonado: bajo el agua usa branquias, pero mientras vuela respira aire por dos orificios en su cabeza. Exhala el aire por las agallas. Bajo el agua pliega las aletas pectorales para ser más hidrodinámico. Ayudado por la baja gravedad y alta densidad del aire de Pandora, salta fuera del agua y consigue desplazarse con «efecto ala» para obtener más velocidad, como un pelícano a baja altitud. Pero, a diferencia de estos, y de un modo más parecido a los peces voladores terrestres, en contacto con el agua los corceles marinos se impulsan constantemente con la cola, y pueden viajar durante horas a una velocidad de crucero de 35 nudos (65 km/h). El pueblo del arrecife los monta para cazar grandes presas superficiales o para sumergirse en profundidad, y los guerreros los montan en batalla.

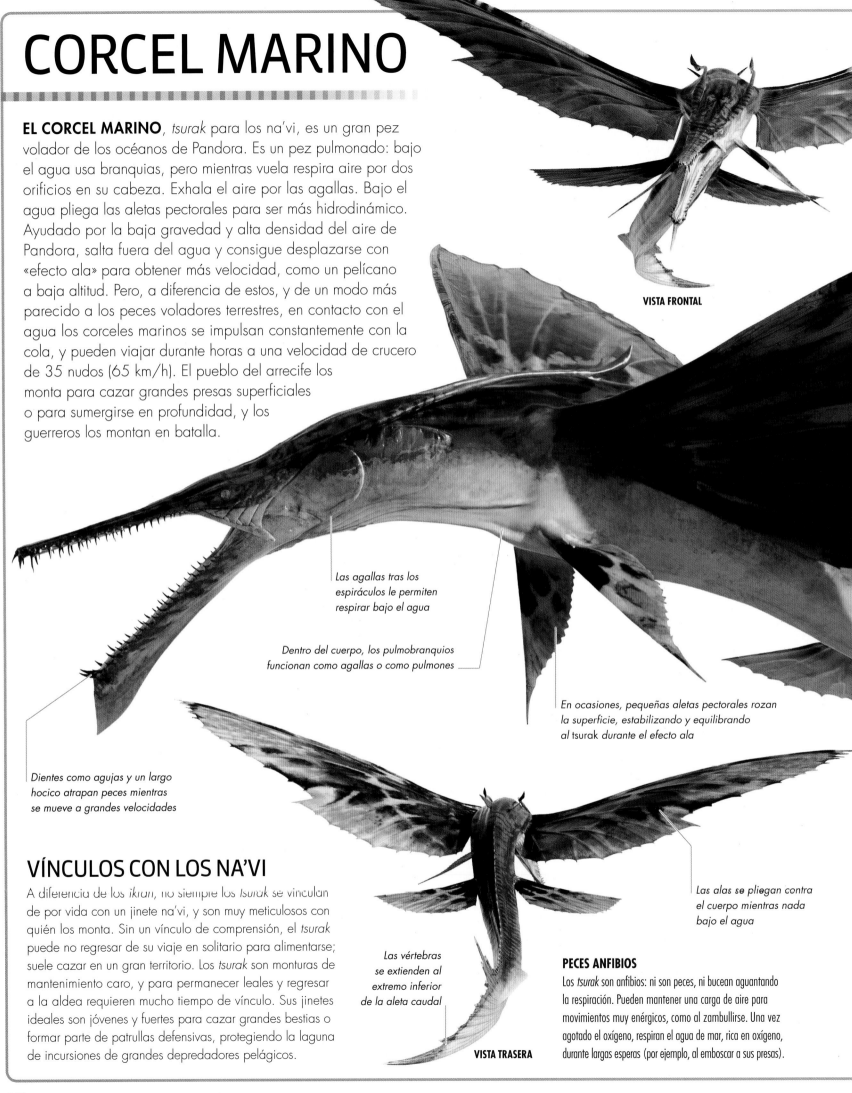

VISTA FRONTAL

Las agallas tras los espiráculos le permiten respirar bajo el agua

Dentro del cuerpo, los pulmobranquios funcionan como agallas o como pulmones

En ocasiones, pequeñas aletas pectorales rozan la superficie, estabilizando y equilibrando al tsurak *durante el efecto ala*

Dientes como agujas y un largo hocico atrapan peces mientras se mueve a grandes velocidades

VÍNCULOS CON LOS NA'VI

A diferencia de los *ikran*, no siempre los *tsurak* se vinculan de por vida con un jinete na'vi, y son muy meticulosos con quién los monta. Sin un vínculo de comprensión, el *tsurak* puede no regresar de su viaje en solitario para alimentarse; suele cazar en un gran territorio. Los *tsurak* son monturas de mantenimiento caro, y para permanecer leales y regresar a la aldea requieren mucho tiempo de vínculo. Sus jinetes ideales son jóvenes y fuertes para cazar grandes bestias o formar parte de patrullas defensivas, protegiendo la laguna de incursiones de grandes depredadores pelágicos.

Las vértebras se extienden al extremo inferior de la aleta caudal

VISTA TRASERA

Las alas se pliegan contra el cuerpo mientras nada bajo el agua

PECES ANFIBIOS

Los *tsurak* son anfibios: ni son peces, ni bucean aguantando la respiración. Pueden mantener una carga de aire para movimientos muy enérgicos, como al zambullirse. Una vez agotado el oxígeno, respiran el agua de mar, rica en oxígeno, durante largas esperas (por ejemplo, al emboscar a sus presas).

El colorido patrón de las alas de cada tsurak es único e irrepetible

FICHA

NOMBRE NA'VI *Tsurak*

NOMBRE HUMANO Corcel marino; *Ichthyopterix volans* (pez-ala volador)

TAMAÑO 14,6 m

VELOCIDAD MÁX. 50 nudos (93 km/h)

ESPERANZA DE VIDA 20 años

Fuera del agua, las alas se despliegan como un acordeón

Extendidas entre fuertes espinas cartilaginosas que las tensan, finas membranas coloridas de piel

Bajo el agua, las aletas se pegan a los lados, dando al corcel marino una esbelta forma de torpedo

Jake lucha contra fuerzas de la RDA montado en un corcel marino. Estos peces voladores son difíciles de domar y montar, y solo son aptos para jinetes fuertes y expertos.

Las pequeñas aletas pélvicas actúan como los alerones de un avión

ARCHIVO

DIETA
Peces y pequeñas criaturas aéreas.

HÁBITAT
Océano abierto y lagunas de Pandora, pero se lo puede hallar cerca de la aldea metkayina.

ARCHIVO

> En términos evolutivos, el corcel marino está a medio camino entre un pez y un *ikran* (banshee de las montañas). El corcel marino y el *ikran* comparten un ancestro común.

> A diferencia del delfín o la ballena, el corcel marino no se puede ahogar.

VISTA LATERAL DERECHA

Bajo el agua y mientras vuela en la superficie, la aleta caudal, grande y potente, proporciona impulso

PECES DEL ARRECIFE

Las extensiones rectangulares de la cabeza le ayudan a detectar depredadores

LOS ARRECIFES DE PANDORA son una de las regiones de mayor biodiversidad de la luna, y albergan una sorprendente variedad de vida marina, incluidas incontables especies de peces. Con sus brillantes colores, fantásticos patrones y extrañas formas, estos peces se funden con los vibrantes arrecifes de coral. Los peces son una importante fuente de alimento para los metkayina; pescar forma parte integral de su cultura. Se respeta mucho a los pescadores, se los representa a menudo en el arte metkayina, y en sus proverbios e historias se los considera héroes.

Varios grupos de fisuras, que funcionan como válvulas, extraen y filtran oxígeno del agua

PEZ DE CEJAS DE MARTILLO

El pez de cejas de martillo es pequeño y se mueve en cardúmenes de hasta doce ejemplares. Uno de sus rasgos característicos es un par de extensiones rectangulares en la parte superior de la cabeza. Se cree que ayudan al animal a detectar sutiles perturbaciones en el agua y evitar así posibles depredadores.

ALA MARINA

El ala marina, un pequeño pez de agua poco profunda que viaja en grupos de varios centenares, es lo que se conoce como pez forraje: un pez pequeño y numeroso del que se alimenta gran parte de la cadena trófica. Para muchos peces mayores, aves marinas, *ilu* y demás fauna oceánica, el ala marina es la principal fuente de alimento, lo que lo convierte en una piedra angular del ecosistema del arrecife. Su esperanza de vida natural es de un año, aunque muchos son ingeridos antes de acabar su ciclo vital.

ARCHIVO

DIETA

El ala marina se alimenta de animales microscópicos como plancton.

HÁBITAT

Se halla en aguas costeras poco profundas, en ocasiones se aventura en el océano abierto y migra de una región a otra en busca de alimento.

Incluso en los más pequeños peces de Pandora pueden hallarse intrincados patrones

TÁCTICAS DE SUPERVIVENCIA

Las alas marinas suelen ser devoradas antes de poder reproducirse. Para compensarlo, los que sobreviven pueden poner hasta 200 000 huevos. Se trata de un importante modo de rellenar el suministro de alimento del ecosistema.

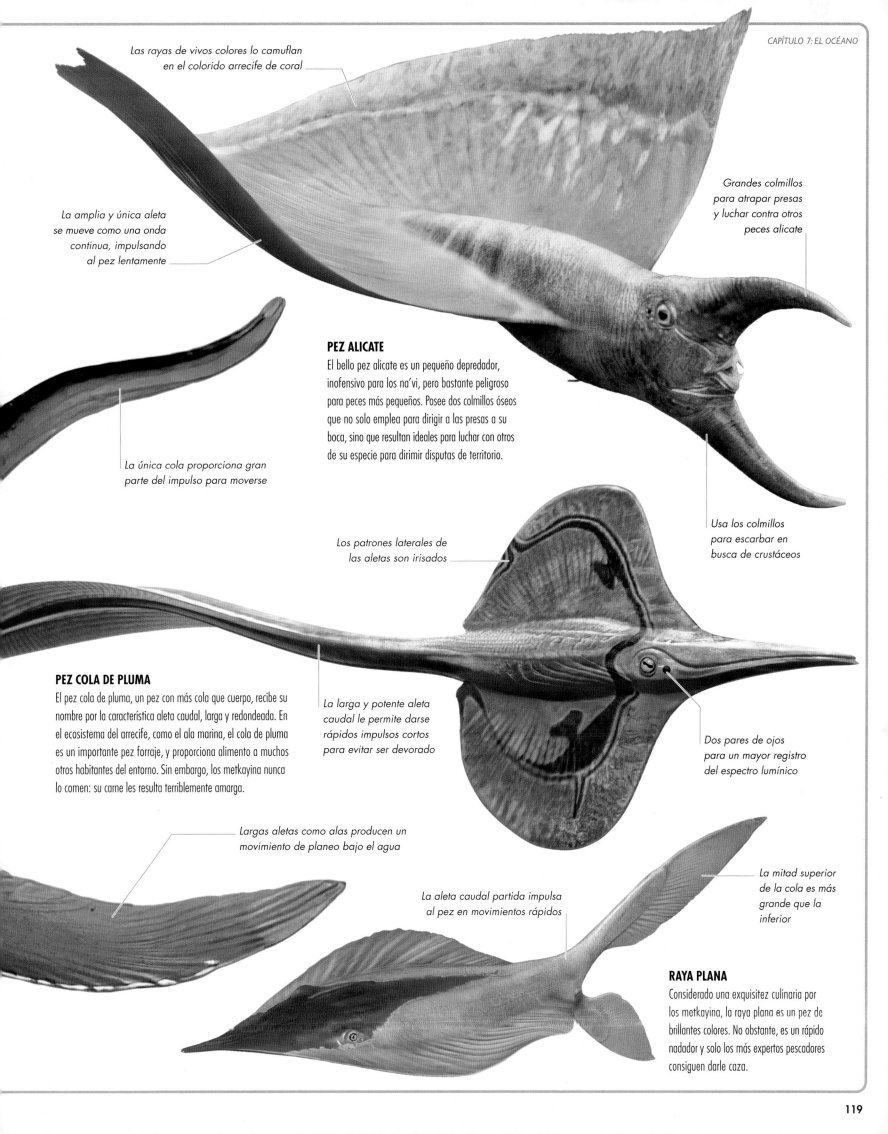

Las rayas de vivos colores lo camuflan
en el colorido arrecife de coral

Grandes colmillos
para atrapar presas
y luchar contra otros
peces alicate

La amplia y única aleta
se mueve como una onda
continua, impulsando
al pez lentamente

PEZ ALICATE

El bello pez alicate es un pequeño depredador,
inofensivo para los na'vi, pero bastante peligroso
para peces más pequeños. Posee dos colmillos óseos
que no solo emplea para dirigir a las presas a su
boca, sino que resultan ideales para luchar con otros
de su especie para dirimir disputas de territorio.

La única cola proporciona gran
parte del impulso para moverse

Usa los colmillos
para escarbar en
busca de crustáceos

Los patrones laterales de
las aletas son irisados

PEZ COLA DE PLUMA

El pez cola de pluma, un pez con más cola que cuerpo, recibe su
nombre por la característica aleta caudal, larga y redondeada. En
el ecosistema del arrecife, como el ala marina, el cola de pluma
es un importante pez forraje, y proporciona alimento a muchos
otros habitantes del entorno. Sin embargo, los metkayina nunca
lo comen: su carne les resulta terriblemente amarga.

La larga y potente aleta
caudal le permite darse
rápidos impulsos cortos
para evitar ser devorado

Dos pares de ojos
para un mayor registro
del espectro lumínico

Largas aletas como alas producen un
movimiento de planeo bajo el agua

La mitad superior
de la cola es más
grande que la
inferior

La aleta caudal partida impulsa
al pez en movimientos rápidos

RAYA PLANA

Considerado una exquisitez culinaria por
los metkayina, la raya plana es un pez de
brillantes colores. No obstante, es un rápido
nadador y solo los más expertos pescadores
consiguen darle caza.

BRANQUIOMANTO

EL BRANQUIOMANTO es un invertebrado marino elegante, diáfano, semitransparente, presente en los océanos de Pandora. Es en especial valioso para los na'vi, que lo usan para extender el tiempo de apnea. Cuando un na'vi se vincula con un branquiomanto, la criatura hace las veces de agalla externa, pasando oxígeno al na'vi a través de la conexión de su *kuru*. La palabra metkayina *txampaysye* se traduce al español como «respirador marino».

GRANDES ALETAS

Una gran parte del cuerpo del branquiomanto está formada por pares de aletas delicadas, traslúcidas. A veces, observadores humanos han comparado la forma de estas aletas con alas de mariposa o incluso representaciones artísticas de alas de ángel. El parecido es en particular obvio cuando la criatura se ha vinculado con un buceador na'vi y se ha posado en la espalda de su compañero. Elegantes, las aletas parecen surgir de la espalda del na'vi, y «aletear» como si fueran alas en las corrientes oceánicas de Pandora.

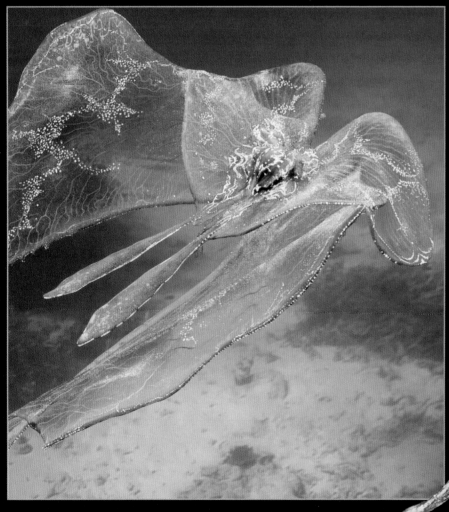

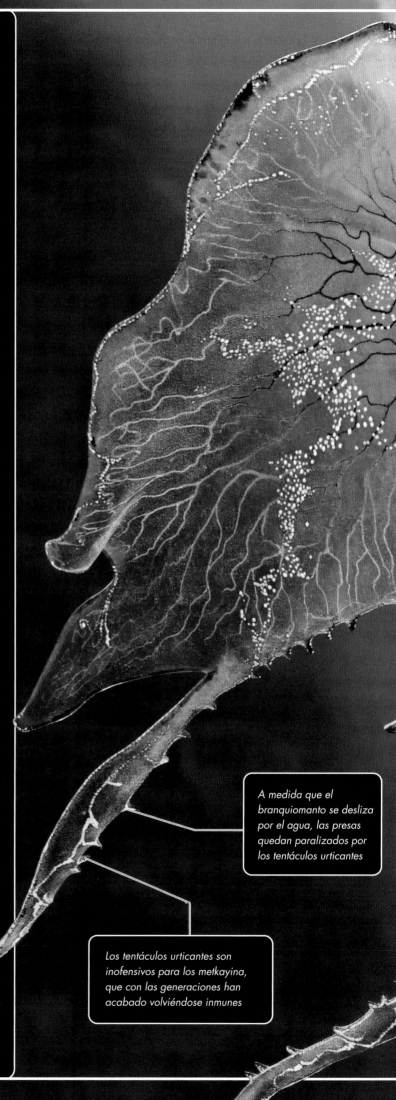

A medida que el branquiomanto se desliza por el agua, las presas quedan paralizados por los tentáculos urticantes

Los tentáculos urticantes son inofensivos para los metkayina, que con las generaciones han acabado volviéndose inmunes

UNA ANATOMÍA INUSUAL

El branquiomanto no ha desarrollado un sistema respiratorio normal. Esparciendo oxígeno tomado del agua por su epidermis, todo su cuerpo actúa como un «pulmón» subacuático. Los científicos han planteado la hipótesis de que evolucionó de un modo simbiótico con los na'vi, quienes lo protegen y transportan por el océano, otorgándole así una amplia distribución y acceso a los mejores lugares de alimentación.

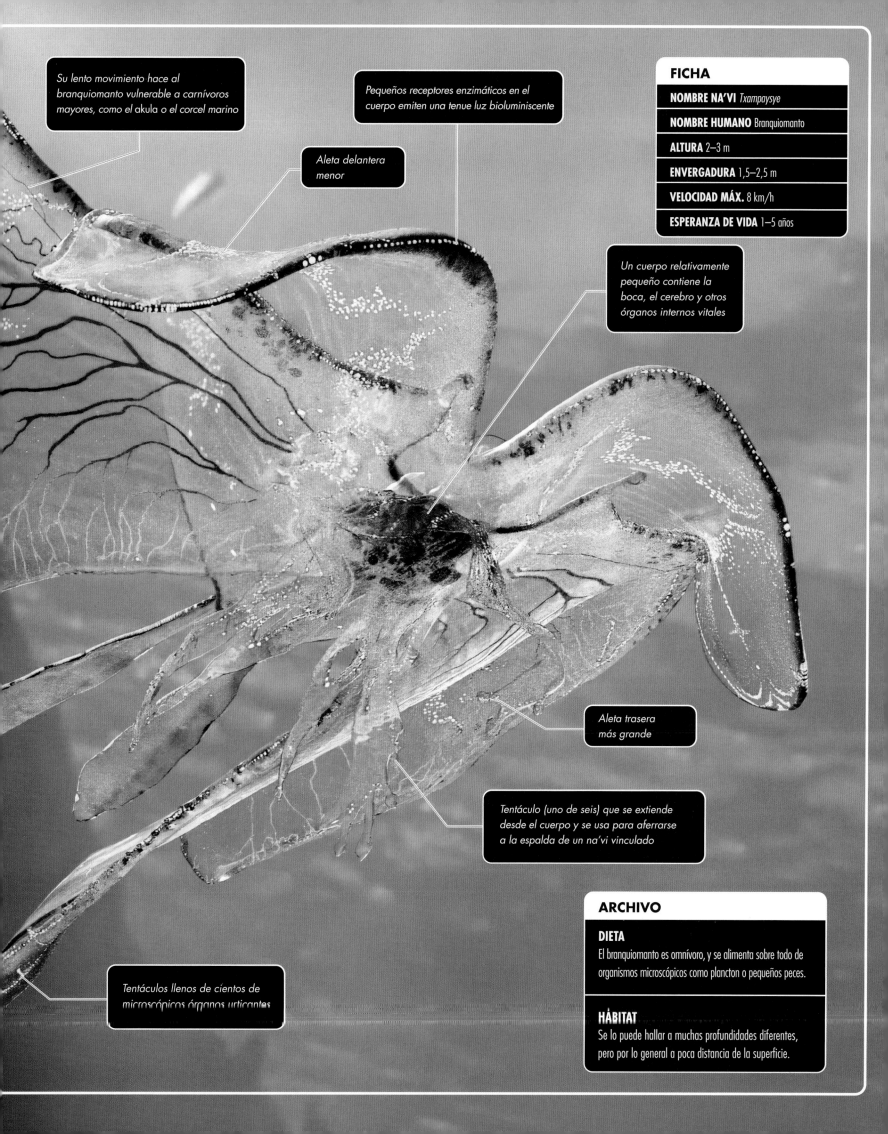

Su lento movimiento hace al branquiomanto vulnerable a carnívoros mayores, como el akula o el corcel marino

Pequeños receptores enzimáticos en el cuerpo emiten una tenue luz bioluminiscente

Aleta delantera menor

Un cuerpo relativamente pequeño contiene la boca, el cerebro y otros órganos internos vitales

Aleta trasera más grande

Tentáculo (uno de seis) que se extiende desde el cuerpo y se usa para aferrarse a la espalda de un na'vi vinculado

Tentáculos llenos de cientos de microscópicos órganos urticantes

FICHA

NOMBRE NA'VI Txampaysye	
NOMBRE HUMANO Branquiomanto	
ALTURA 2–3 m	
ENVERGADURA 1,5–2,5 m	
VELOCIDAD MÁX. 8 km/h	
ESPERANZA DE VIDA 1–5 años	

ARCHIVO

DIETA
El branquiomanto es omnívoro, y se alimenta sobre todo de organismos microscópicos como plancton o pequeños peces.

HÁBITAT
Se lo puede hallar a muchas profundidades diferentes, pero por lo general a poca distancia de la superficie.

TULKUN

LOS *TULKUN* SON UNA RAZA de enormes criaturas marinas muy inteligentes. Con un desarrollo intelectual y cultural equivalente al de los na'vi, los *tulkun* no solo poseen nombres y ricas historias familiares, sino también sofisticadas música y poesía. Tras eones de sangrienta guerra entre sus grupos sociales, los *tulkun* dieron la espalda a la violencia y juraron colectivamente mantener una vida de pacifismo total. Su estructura física ayuda a sus principios morales: la gruesa coraza los protege de agresores naturales sin necesidad de adoptar represalias. Los metkayina y los *tulkun* comparten una amistad poderosa y única entre especies, y cada na'vi queda emparentado de por vida con un hermano o hermana *tulkun*. De este y de muchos otros modos, para los metkayina, los *tulkun* son socios antiguos y sagrados con los que comparten rituales y viven en armonía.

Coloridos patrones oculares únicos para cada individuo, empleados a menudo por científicos marinos para diferenciarlos.

Como un caparazón, la gruesa coraza de la espalda es flexible e increíblemente dura

Como las ballenas de la Tierra (ya extintas), los *tulkun* son criaturas de sangre caliente que respiran aire. Inhalan y exhalan por una hilera de orificios en la parte trasera o posterior de la cara. A veces, al salir a la superficie, su potente exhalación lanza columnas de aire, creando sus características columnas de agua y aire.

Aleta caudal, en ocasiones usada como maza para defenderse de depredadores

Dos pares de aletas caudales: se pueden plegar y desplegar, haciendo a los tulkun muy ágiles para su tamaño

Grandes aletas pectorales ayudan al tulkun a girar y retorcerse bajo el agua

ARCHIVO

DIETA
Se alimentan de miles de criaturas similares a gambas y una gama de peces de cardumen.

HÁBITAT
Los *tulkun* habitan los mares y océanos abiertos, pero a veces entran en la laguna metkayina a través de los túneles submarinos del arrecife.

FICHA

NOMBRE NA'VI *Tulkun*

TAMAÑO Machos: 28–80 m
Hembras: 20–70 m (el tamaño varía mucho en función de la edad y madurez)

VELOCIDAD 22 nudos (40 km/h)

ESPERANZA DE VIDA 150–250 años

Las crestas sensibles son más grandes en los machos, y se cree que las usan en exhibiciones de cortejo

Potentes aletas caudales proporcionan impulso

TULKUN MACHO ADULTO

La mandíbula trifurcada permite la ingestión de colosales cardúmenes de pequeñas criaturas

TÓTEMS *TULKUN*

Los *tulkun* se han convertido en el animal tótem de los metkayina. Sus formas se repiten como ornamentación en toda la cultura metkayina. En honor a su especial vínculo, crean grandes paneles recubriendo paredes en los *marui*. Si bien muchas partes de sus viviendas se reparan si resultan dañadas, los metkayina veneran estos paneles, y los conservan y guardan por encima de todo lo demás.

EXHIBICIÓN DE *TULKUN*

Cuando un grupo de *tulkun* regresa a su hogar en el arrecife, las criaturas toman parte en la ceremonia de regreso. En ella, las crías son reconocidas como adultos y los metkayina les ofrecen tatuajes ceremoniales.

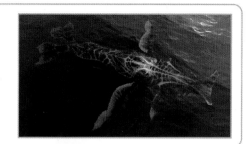

Las pequeñas aletas craneales ayudan a realizar sutiles maniobras subacuáticas

Las crestas ecolocalizadoras poseen variedad de colores y patrones, y con la edad aumentan de tamaño

Los patrones de rayas verticales varían entre individuos

Los látigos sensoriales registran sutiles gradientes de temperatura y corrientes de agua

En la mandíbula inferior, órgano sonar lleno de aceite

MEGAFAUNA SUBMARINA

De toda la megafauna (grandes animales) marina que uno puede encontrar junto al arrecife, solo los *tulkun* son inteligentes y sentientes. El clan metkayina puede comunicarse con ellos mediante un lenguaje de signos con tres dedos. Entre otras grandes especies están el *nalutsa* y el *akula*, dos enormes criaturas similares a tiburones.

Dos juegos de aletas, uno grande y otro más pequeño, ofrecen precisión al nadar

Crestas, a veces empleadas en exhibiciones territoriales entre machos

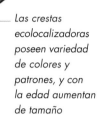

VISTA FRONTAL

UNA SUSTANCIA PRECIADA

Mientras diseccionaba a un *tulkun*, el biólogo marino de la RDA Ian Garvin llevó a cabo un hallazgo crucial. Halló en el cerebro del animal una sustancia natural que posee el poder de detener el envejecimiento humano. Conocida como amrita, la sustancia puede extraerse de los *tulkun* muertos con un taladro especial montado en el Dragón Marino, que ahora caza los grandes animales por los océanos de Pandora.

Amrita en un vial contenedor de la RDA

Largos órganos sensoriales detectan sutiles cambios de temperatura del agua

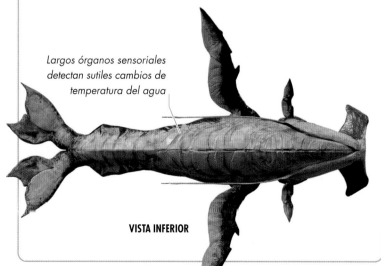

VISTA INFERIOR

CRÍAS DE *TULKUN*

CADA AÑO, EN UNA FECHA DETERMINADA, cientos de *tulkun* y sus crías se dan cita en la sagrada Ensenada de los Ancestros, cerca de la aldea metkayina. Allí llevan a todas las crías nacidas ese año al Árbol de los Espíritus para su primera conexión con Eywa. A esta ceremonia de comunión de las crías asisten los «hermanos y hermanas» metkayina del grupo, quienes también llevan a sus hijos para vincularse con la red neural mundial. Para los *tulkun* y los metkayina, el acontecimiento es sagrado y forma parte profunda de una cultura compartida. El espectáculo de las innumerables crías *tulkun* y los bebés na'vi dispuestos en torno al árbol submarino sagrado es una de las maravillas de Pandora.

FICHA	
ESPECIE Cría de *tulkun*	
LONGITUD (promedio) 10,5 m	
VELOCIDAD 22 nudos (40 km/h)	
INFANCIA 10 años	

KURU DE TULKUN

Las crías de *tulkun* reciben oxígeno y nutrientes a través del *kuru* de la madre. El *kuru* es un órgano importante para todos los animales superiores de Pandora: no solo transmite «datos» en forma de señales neuronales; puede crecer para transportar oxígeno y nutrientes por las venas y arterias. Activado por las hormonas, el *kuru* de una na'vi o *tulkun* crecerá para ofrecer el sustento a un recién nacido. Así, en el extremo de un *kuru*, los zarcillos crean una interfaz que es en parte un puerto USB y en parte placenta.

ÁGILES NADADORES
Las crías de tulkun *son nadadoras asombrosas, tan ágiles bajo el agua como sus padres.*

DEL NACIMIENTO A LA MADUREZ

Los *tulkun* se reproducen aproximadamente cada dos o tres años. La gestación dura unos 18 meses, y la *tulkun* solo da a luz a una cría por vez. Los primeros años de vida, una época crucial en su desarrollo, las crías permanecen junto a su madre para crear lazos sociales. Tras estos primeros años, las crías se vuelven más independientes, aunque la madurez física plena no llega hasta los 10 años de edad.

Las crestas sensoriales apenas se ven en la infancia, comienzan a madurar en la adolescencia

VISTA FRONTAL

La conexión kuru al Árbol de los Espíritus empieza en el primer año de vida

Las crías tienen un mayor porcentaje de grasa que sus padres, más esbeltos

VISTA LATERAL

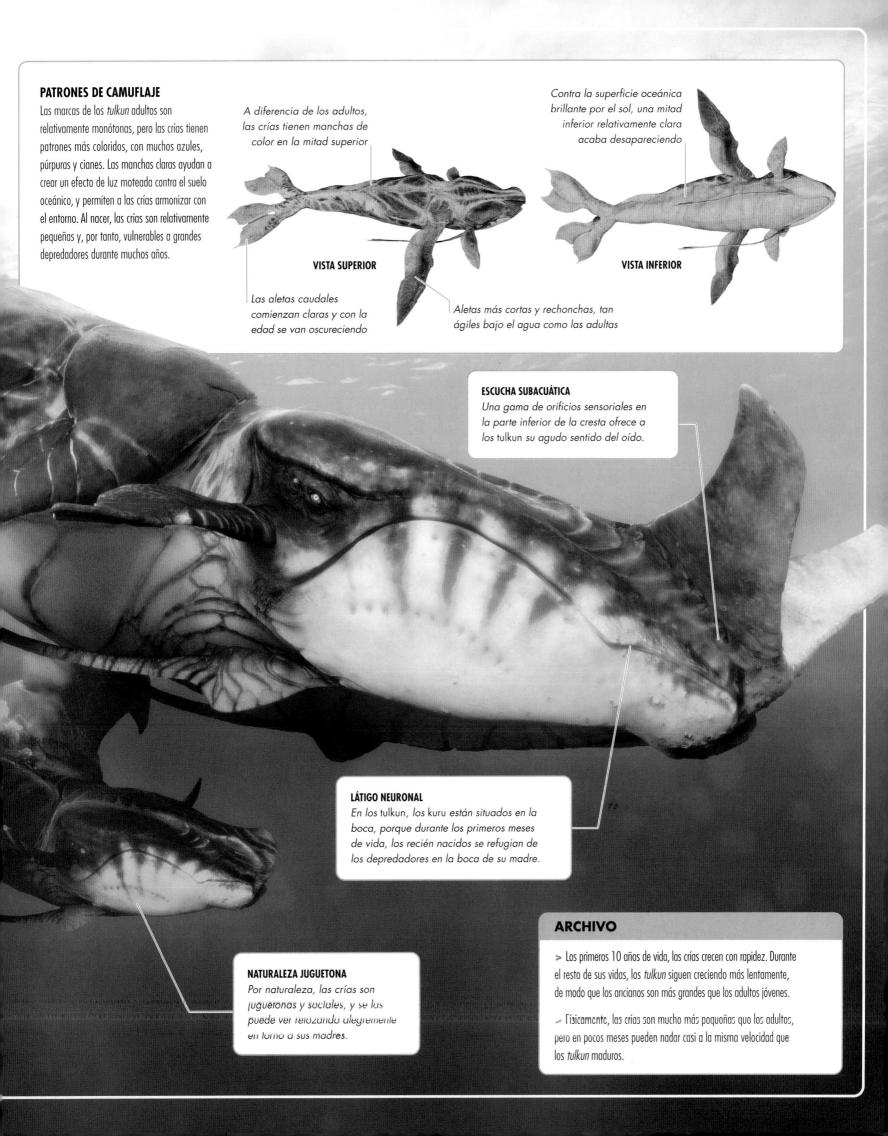

PATRONES DE CAMUFLAJE

Las marcas de los *tulkun* adultos son relativamente monótonas, pero las crías tienen patrones más coloridos, con muchos azules, púrpuras y cianes. Las manchas claras ayudan a crear un efecto de luz moteada contra el suelo oceánico, y permiten a las crías armonizar con el entorno. Al nacer, las crías son relativamente pequeñas y, por tanto, vulnerables a grandes depredadores durante muchos años.

A diferencia de los adultos, las crías tienen manchas de color en la mitad superior

Contra la superficie oceánica brillante por el sol, una mitad inferior relativamente clara acaba desapareciendo

VISTA SUPERIOR

VISTA INFERIOR

Las aletas caudales comienzan claras y con la edad se van oscureciendo

Aletas más cortas y rechonchas, tan ágiles bajo el agua como las adultas

ESCUCHA SUBACUÁTICA
Una gama de orificios sensoriales en la parte inferior de la cresta ofrece a los tulkun su agudo sentido del oído.

LÁTIGO NEURONAL
En los tulkun, los kuru están situados en la boca, porque durante los primeros meses de vida, los recién nacidos se refugian de los depredadores en la boca de su madre.

NATURALEZA JUGUETONA
Por naturaleza, las crías son juguetonas y sociales, y se las puede ver retozando alegremente en torno a sus madres.

ARCHIVO

> Los primeros 10 años de vida, las crías crecen con rapidez. Durante el resto de sus vidas, los *tulkun* siguen creciendo más lentamente, de modo que los ancianos son más grandes que los adultos jóvenes.

> Físicamente, las crías son mucho más pequeñas que los adultos, pero en pocos meses pueden nadar casi a la misma velocidad que los *tulkun* maduros.

ÍNDICE

HEXABOT PESADO

ÍNDICE

BRAZALETE DE GUERRA DE RONAL

TUKTIREY

DE LA EDICIÓN EN ESPAÑOL

Coordinación editorial Cristina Sánchez Bustamante
Asistencia editorial y producción Malwina Zagawa

Publicado originalmente en Gran Bretaña en 2022 por Dorling Kindersley Limited
DK, One Embassy Gardens, 8 Viaduct Gardens, London SW11 7BW

Parte de Penguin Random House

Diseño de página de Dorling Kindersley Limited

Título original: *Avatar: The Way of Water. The Visual Dictionary*
Primera edición 2023

Traducción en español 2023 Dorling Kindersley Limited

Servicios editoriales: deleatur, s.l.
Traducción: Joan Andreano Weyland

ISBN 978-0-7440-6428-5

Impreso y encuadernado en China

Para mentes curiosas
www.dkespañol.com

AGRADECIMIENTOS

DK desea expresar su agradecimiento a las siguientes
personas por su ayuda en la creación de este libro: James
Cameron, Jon Landau, Joshua Izzo, Reymundo Perez,
Ben Procter, Dylan Cole, Deborah L. Scott, Joseph C. Pepe,
Zachary Berger, Hana Scott-Suhrstedt, Shealyn Biron, Carrie
Hollinger, Aashrita Kamath, Molly Berg, Jeff Reeves, Billy
Barnhart, Chikako Hoffman, John Manko, Walter Garcia,
John Hernandez, Lisa Fitzpatrick, Danny Shelby, Kathy
Franklin, Stephanie Nelson, Anneke Suyderhoud y Dylan
Field, de Lightstorm; Nicole Spiegel, de Disney; Lisa Lanzarini
por el diseño de página; Nidhi Mehra, Nehal Verma, Sachin
Gupta y Druck Media Pvt Ltd por su ayuda en el diseño,
y Simon Beecroft por su colaboración en la edición.

PEZ ALICATE